淘宝、天猫运营从入门到精通

毛豆商学院 / 编

SPM 南方出版传媒 广东人民出版社

·广州·

U0664622

图书在版编目（CIP）数据

淘宝、天猫运营从入门到精通 / 毛豆商学院编. —广州：广东人民出版社，2021.4

ISBN 978-7-218-14645-4

Ⅰ．①淘… Ⅱ．①毛… Ⅲ．①电子商务—商业经营 Ⅳ．①F724.6

中国版本图书馆CIP数据核字（2020）第237251号

Taobao、Tianmao Yunying Cong Rumen Dao Jingtong

淘宝、天猫运营从入门到精通

毛豆商学院　编

版权所有　翻印必究

出 版 人：肖风华

责任编辑：陈泽洪　韦　玮
封面设计：林国劲
内文设计：奔流文化
责任技编：吴彦斌

出版发行：广东人民出版社
地　　址：广州市海珠区新港西路204号2号楼（邮政编码：510300）
电　　话：（020）85716809（总编室）
传　　真：（020）85716872
网　　址：http://www.gdpph.com
印　　刷：珠海市豪迈实业有限公司
开　　本：787毫米×1092毫米　1/16
印　　张：15　　字　　数：240千
版　　次：2021年4月第1版
印　　次：2021年4月第1次印刷
定　　价：68.00元

如发现印装质量问题，影响阅读，请与出版社（020-32449105）联系调换。
售书热线：020-32449123

毛豆商学院

主　　编：李婧玮　黄建英

编写组成员：陈世艺　杨　盼　付　瑜　姚邦涛

　　　　　　郑苗苗　王嘉辉　蔡晓仪　曾　敏

　　　　　　蔡家乐　王　双　许泽野　徐泽忠

　　　　　　刘　晨　欧阳丹婷　方晓丽

前 言
Preface

　　近年来，随着互联网的高速发展，电子商务不断升级进化，"电商"这一模式已经深深地融入到我们生活中的方方面面，并改变着我们的消费习惯。对于淘宝、天猫等传统电商平台的商家而言，流量红利时代已渐渐远去，不仅如此，他们还面临着与其他新兴电商平台竞争流量的压力。当前，各大电商平台纷纷衍生出了新的营销模式——从图文内容营销到短视频营销，再到直播带货营销，其中，淘宝、天猫平台近几年也在不断改变玩法，优化平台规则和运营工具，大力扶持直播营销。因此各位商家，尤其是中小卖家，都需要认识到市场的变化，抓住行业风口，不断积累经验，适时调整运营模式，才有可能在电商行业中站稳脚跟。

　　本书以培养运营思路为主线，以剖析运营技能为重点，以解决实际问题为目的，全面阐述了淘宝、天猫店铺运营的重点环节和核心运营方法，包括店铺规划、官方活动及玩法、淘宝搜索、直通车、钻石展位、超级推荐、淘宝客、淘宝直播、数据化运营、产品运营、内容运营、外部合作、团队协作等内容。书中结合编写团队多年的运营操盘经验，以简洁易懂的文字清晰地阐明了淘宝、天猫店铺运营各个环节的本质，并通过大量实际案例和操作示意图向读者展示各种运营技巧、推广设置方法和步骤，方便读者快速理解并进行实际操作。

　　本书结合当前淘宝、天猫平台的变化，总结提炼了实用的运营技巧，适合想在淘宝、天猫开店的新手卖家、想提升销量冲皇冠的卖家、电商运营人员等人群阅读使用，希望可以帮助大家了解淘宝、天猫店铺运营的多个细节，解答常见运营困惑，形成优秀营销思路，为店铺持续创造效益。

编　者

目 录
Contents

第1章　电商运营基本功

本章导读

随着电子商务（简称电商）的快速发展，电商运营成为现今的热门职业之一。本章主要从电商运营究竟是做什么的、商品类目及子类目的介绍与选择、店铺的流量来源，以及电商行业的动态及发展等四个方面出发，帮助大家进一步了解电商运营这个职业。

1.1   电商运营究竟是做什么的

有人说，电商运营就是打杂的，商品上架、店铺装修、文案策划、直通车、钻石展位、淘宝客……什么都要做。也有人说，电商运营是一个电商公司的核心，承担着"营销+管理"的重要角色。那么，电商运营究竟是做什么的呢？

首先，电商运营人员需要非常熟悉电商平台的规则。任何一个电商平台都会有自己的规则，但总体上大同小异，大都涉及店铺规划、运营、推广、销售等各个环节。就拿玩游戏来说，只有熟悉游戏规则的人，才能更好地利用规则，给自己创造更多的赢面，电商运营亦是如此。

其次，电商运营人员必须对店铺运营的商品有深入的了解。只有深入了解商品，才能做好销售环节，将商品卖给更多的目标客户及潜在客户，达成店铺销售目标。假如你是一家服装网店的运营人员，那么你就需要了解衣服用的是什么面料、有多少种不同的款式、服装适合的人群和适合的年龄层、布料的进货渠道、未来的潮流风向等，这些都是一名电商运营人员必须要清楚并掌握的。同时，你还要知道市场上的同类竞品有多少、做相同商品的有多少家、消费者为什么要选择你的商品。如果一名电商运营人员连这些信息都不了解，还拿什么去谈业绩呢？

更为重要的一点是，一名合格的电商运营人员必须具备数据化运营的能力。换句话说，就是电商运营人员不仅需要具备敏锐的数据分析能力，还需要有明确的运营思路，懂得从数据中发现店铺存在的问题，从而完成店铺运营的策略优化。在店铺运营的过程中，有很多操作都需要以数据为基础，这些数据包括店铺销售数据、客服接待转化率、商品退款率、竞品销售数据等。虽然这些数据不会直接对既定的商品销量产生影响，但是通过数据，运营人员可以了解自身和竞争对手的优劣势，对店铺进行诊断，进而针对店铺问题调整后续运营策略，达到提升店铺业绩的目的。

1.2   商品类目及子类目的介绍与选择

打开淘宝首页，我们可以看到页面上有详细的商品分类，包括女装、男装、鞋靴、箱包等，这些就是我们常说的商品类目。在女装类目下，商品又被细分为连衣裙、半身裙、毛针织衫、T恤、短外套、卫衣、衬衫、牛仔裤等，这些小类目也被称为子类目，如图1.2.1所示。

图1.2.1　淘宝首页

类目是商品最重要的属性之一。发布商品时，我们要做的第一步便是选择商品类目。类目流量是店铺流量的重要来源之一，因此选择正确的商品类目就显得尤为重要。如果商品类目选择不当，不仅有可能失去展示商品的机会，甚至可能导致商品被下架、删除或降权。

那么，如何正确选择商品的类目呢？

第一，根据商品属性选取合适的类目来发布商品。

图1.2.2　根据商品属性选择类目

如图1.2.2所示，在发布宝贝页面，输入商品关键词"羽绒服"，从搜索结果我们可以看到，该关键词下的相关类目有女装/女士精品、男装、运动服/休闲服装、孕妇装/孕产妇用品/营养、童装/婴儿装/亲子装等。如果该款羽绒服的人群定位是喜欢运动风格的人群，那么就可以选择在"运动服/休闲服装"类目下发布。

第二，根据市场竞品类目发布情况来选择商品类目。

图1.2.3　根据竞品选择类目

借助一些辅助的插件工具，我们可以获取许多有用的信息。例如，通过"店查查"，我们就可以查看市场上竞品的发布类目。如图1.2.3所示，搜索商品关键词"衬衫裙"，可以看到市场上同类商品都是在"连衣裙"类目下发布的，那么我们也可以将同款宝贝发布在"连衣裙"类目下。

1.3　店铺的流量来源

店铺的流量来源主要分为淘内免费、付费流量、自主访问、淘外流量、站外投放和其他。

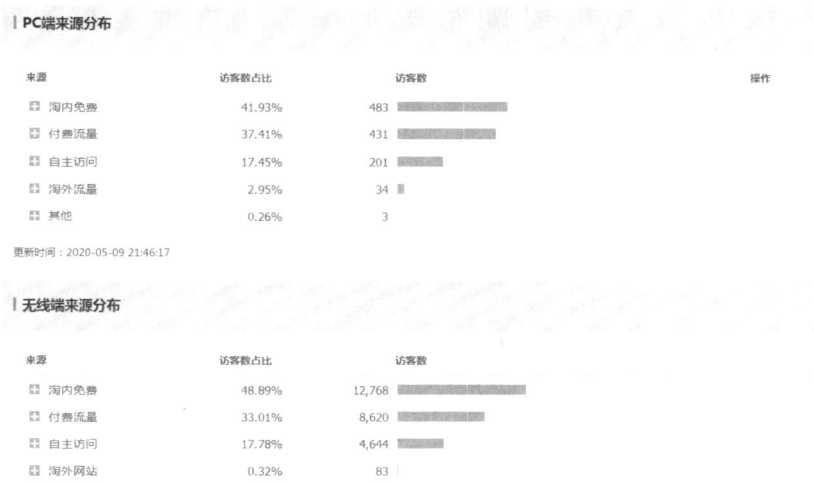

图1.3.1　流量来源分布

图1.3.1为某店铺流量实时来源分布图。从图中我们可以看出，该店铺的主要流量来源为淘内免费、付费流量和自主访问。

（1）淘内免费流量，是指访客通过在淘宝、天猫页面搜索或者其他淘宝、天猫搜索方式进店访问的免费流量。这是用户自主搜索所形成的流量，也称为自然流量。常见的淘内免费流量主要有淘宝搜索、天猫搜索、猜你喜欢、淘宝首页、淘宝活动等。例如，手淘（即手机淘宝）搜索、猜你喜欢、上新活动等引导用户通过淘宝官方首页搜索到你的店铺的流量都是淘内免费流量。

（2）付费流量包括直通车、淘宝客、钻石展位、聚划算、超级推荐以及淘内其他推广流量。

直通车是一种点击付费的推广模式，主要定向于无线端流量，对商品目标人群进行溢价推广，在推广计划稳定后可以根据需求进行调整。

淘宝客是一种成交付费的推广模式，一般设置好高佣金和优惠券，就可以达到快速提高店铺内商品销量和评价的目的，其推广的效果很大程度上取决于佣金和优惠券的力度。而如何设置佣金和优惠券，需要综合考虑商品毛利率及后续营销策略。

钻石展位是一种展现付费的推广模式，主要展现在淘宝首页的焦点位置，有店铺定向和人群定向的功能。精确定位目标人群，推广效果才会更好。

（3）自主访问流量，是指访客通过宝贝收藏、直接访问、"我的淘宝"首页、购物车、店铺收藏、已买到的宝贝等渠道进入你的店铺的访客流量。一般而言，自主访问来源的访客对店铺商品会比较感兴趣，所以转化率也会比较高。

（4）淘外流量，是指通过非阿里系网站（如百度、新浪微博、优酷、搜狗等）链接点击进入店铺页面或商品详情页的访客流量。

（5）站外投放，是指通过"生意参谋"（阿里巴巴商家端统一数据产品平台）中配置的外部投放链接点击进入店铺页面或商品详情页的访客流量。

除了上述的流量来源之外，用户通过其他途径进店访问的流量，我们统称为其他流量。

1.4 电商行业动态及发展

互联网信息化时代的到来，让网络购物成为一种流行的消费方式。从柴米油盐到休闲娱乐，再到教育培训，等等，电子商务已经渗透到我们生活中的方方面面。

近些年来，电商体系越来越成熟，电商的用户规模也越来越庞大。以往消费者想在网上购买商品，只能在电商平台上进行交易，如今随着微信、抖音、微博等应用程序的普及，各大电商平台衍生出新的营销模式来提高消费者的购买欲望，例如通过社群营销以及直播带货等方式，让消费者可以在自己喜欢的应用程序上完成购物体验。

从图文内容营销到短视频营销，从短视频营销再到直播带货营销，移动终端和支付技术的进步，让消费者的消费方式越来越丰富。而直播购物方式由于塑造了消费者线上购物互动的场景，强烈地刺激了消费者的购买欲望，因而成为当下一种流行的消费模式，深受众多消费者的喜爱。有数据显示，淘宝"带货一姐"薇娅2019年"双11"期间的直播带货销售额超过30亿元，直接超越了2018年的全年销售额。而"口红一哥"李佳琦在5分钟内卖掉15000支口红的惊人记录，至今还无人能破。

显然，直播带货这种新的销售方式已经成为一种趋势。

2020年，一场突如其来的疫情，让实体销售和线上销售的发展的对比更加鲜明：和实体销售店铺大多在疫情期间暂停营业的情况不同，线上销售的商家开始提供无接触配送服务，而美团外卖以及原本转化率不佳的生鲜电商O2O平台也在这场疫情中迎来了转机。由此可见，电商行业不仅在稳定快速发展，而且其市场服务的应变能力和多样化营销方式也得到了消费者的认可。

从目前的发展趋势来看，电商行业发展前景良好，发展将会越来越快，从事电商行业的人也会越来越多。不管是对于电商创业还是电商就业的人而言，学习好电商知识，未来都是值得期待的。

1.5　电商运营常见问题及解答

1. 常见的电商模式有哪些?

常见的电子商务模式有B2C（Business to Customer，企业对个人）、B2B（Business to Business，企业对企业）、C2C（Consumer to Consumer，个人对个人）、O2O（Online to Offline，线上对线下）等。电商运营人员一般接触最多的是B2C和C2C这两种模式。

2. 电商运营人员应该具备哪些能力?

首先，电商运营人员应该具备较强的学习能力，通过不断学习让自己的运营能力得到提升；其次，要具备较强的分析能力，能够对竞争对手、行业市场、电商运营数据进行有效分析，发现店铺存在的问题；最后，还需要有优秀的决策能力和执行能力，提高工作效率，以促进店铺良好运营发展。

扫码立领

☆网店经营流程实战手册
☆主流平台运营模式解析
☆增长策略小讲堂

第2章

淘宝店铺规划

本章导读

万事开头难。在淘宝开店，前期的准备工作有很多，其中必不可少的是要先分析好店铺整体的产品布局和架构，比如店铺定位、产品规划、页面布局等。只有把这些最基本的工作做好，我们才能够想办法利用促销等各种手段把自己的商品销售出去。本章就为大家详细讲解开店之前必须完成的几项工作。

2.1　店铺定位规划

2.1.1　店铺定位与人群标签定位

1. 店铺定位

开店之前，我们一定要先明确自己销售的产品类型，然后决定要进入哪块市场，是低端还是中高端。一旦确定好产品类型和市场方向，就要明确店铺的主营类目和主推产品。在选定主营类目和主推产品时，我们可以从这两个方面考虑：一是店铺服务的消费群体属于哪种类型；二是主营产品的客单价处于哪个区间。在完成上述工作之后，我们就可以开始上架产品了。需要注意的是，产品的类目一定要选择正确，如果有不明确的，可以参考同类竞品的类目选择，这样获取的流量会相对精准得多。

一般来说，一个店铺只能有一个类型定位，不能有多种风格，而且必须要有清晰的商品卖点和明确的目标群体。

在对店铺进行定位的初期，建议上架的产品均为同一个类型，比如要主打"图书"这个类目，那店铺80%的产品都应该为图书，其他类型的产品不能超过20%，以便于前期更精准地定位。店铺内所有的产品也应尽量保持同一个风格，比如要主打童书，那就不要有其他类型的图书，以便打造店铺的风格。另外，店铺内大部分产品还应该尽量保持在同一个价位区间内，比如店铺销售的是低客单价的产品，那么店铺里高客单价的产品就不能太多。

与新店初期的定位不同的是，老店铺在中后期进行定位的时候可以先按照上述的方法确定好自身的需求，然后把与自身需求不相符的产品都尽量删除，只保留同一个类型的产品。或者通过直通车精准定位目标人群的方式进行有针对性的引流，从而快速地改变店铺的定位。

2. 人群标签定位

淘宝的推荐算法是千人千面的，只有精准的人群标签定位，才能获取到最精准有效的流量。因此，我们需要明确受众群体的性别、年龄、地理位置、折扣敏感度、职业等，以确定我们的产品要卖给哪一类人、为哪个消费群体服务。确定好以后，我们就需要精准定位这个人群的标签了。如果人群标签混乱，就会导致进店的流量与自家店铺出售的产品不相匹配，大大降低转化率。

人群标签一般来说分为两种：一是买家标签；二是店铺标签。

　　买家标签，是指进店访问的客户自身账号所携带的标签。例如，手淘首页里的"猜你喜欢"就和买家标签密切相关。买家日常浏览和购买产品的记录会影响买家自身的标签，而买家的消费水平，搜索、浏览和购买的主要类目偏好等也会给他自身打上标签，因此每个买家都是携带多个标签的。

　　店铺标签，是指买家进店购买后为该店铺累积带来的标签，例如性别、年龄、偏好、价位区间等。当客户积累到一定数量的时候，搜索引擎就会对这些成交数据的特征进行统计分析。例如，进店成交80%的订单都是童书，那么这个店铺会被打上"童书爱好者"的标签，具备"童书爱好者"标签的买家就会优先看到这个店铺。再例如，这些童书产品大部分是低客单价的，那么该店铺就会再被打上一个"低客单价"的标签。同时具备这两个标签的客户就会有更大概率看到这个店铺的展现。

　　人群标签精准化的好处有很多：

　　（1）有利于提高店铺的转化率。进店买家自身的标签和这个店铺的标签越匹配、越相符合，就证明这个买家对这个店铺产品的需求度越高，转化率自然也会越高。

　　（2）有利于打造店铺风格。比如一家专卖古风女装的店铺，售卖的都是同一个风格、同一个价格区间的产品，就有利于在买家心中留下深刻的印象，大大增加了店铺收藏率。

　　（3）有利于流量的扩散。例如，我到一个店铺买了一件休闲服，然后发现这个店铺都是我喜欢的风格，那我就很有可能收藏这个店铺，以备下次挑选购买。当有朋友和我说这件衣服好看，询问是在哪里买的，我就会把这个店铺推荐给他。但是如果这个店铺里面的产品杂乱无章，像是一个杂货铺的话，就很少会有买家收藏这个店铺。

　　对于进店访问的用户的人群定位，我们可以在生意参谋里的【访客分析】中查看，以便调整店铺的运营方向，如以下四图所示。

地域分布　　　　　　　　　　　日期∨　2020-07-12~2020-08-10　　所有终端 ∨　⤓ 下载

访客数占比排行TOP10　　**下单买家数排行TOP10**

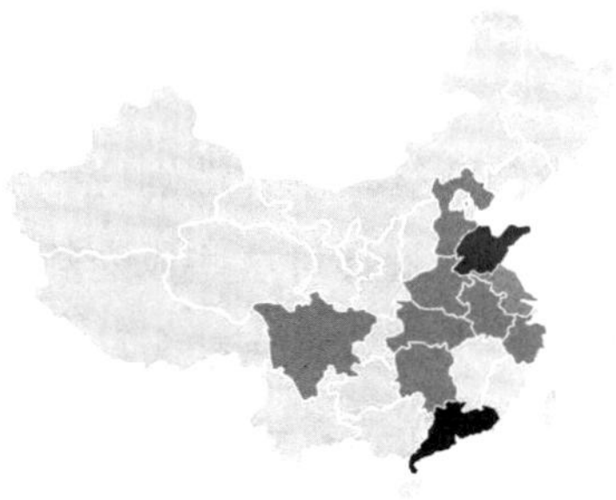

地域	下单买家数	下单转化率
广东省	799	13.58%
江苏省	271	11.83%
山东省	260	12.90%
河南省	234	12.43%
浙江省	215	11.57%
四川省	184	12.89%
河北省	177	13.27%
湖南省	171	13.35%
安徽省	161	12.37%
湖北省	159	12.67%

7天
数据解读

地域分布解读
访客集中来自于：广东省（5,510人），下单买家集中来自于：广东省（761人）
重视对这些地区重点推广运营，提升流量和转化哦！

图2.1.1　地域分布

消费层级

消费层级(元) ?	访客数	占比	下单转化率
0-25.0	10,444	36.81%	11.11%
135.0以上	8,766	30.90%	12.32%
95.0-135.0	5,201	18.33%	12.34%
65.0-95.0	2,720	9.59%	10.44%
45.0-65.0	870	3.07%	11.72%
25.0-45.0	369	1.30%	7.32%

图2.1.2　消费层级

性别 ?

性别	访客数	占比	下单转化率
男	9,342	32.93%	12.70%
女	18,023	63.53%	11.53%
未知	1,005	3.54%	3.18%

图2.1.3　性别

店铺新老访客 ？

	访客类型	访客数	占比	下单转化率
■ 新访客　■ 老访客	新访客	24,896	87.75%	11.60%
	老访客	3,474	12.25%	11.77%

图2.1.4　新老访客

2.1.2　竞品店铺选择与学习

在完成店铺定位和人群规划之后，接下来我们还有一项重要的工作必须完成，那就是确定自家产品的卖点。如果你不清楚自家产品的卖点，你可以查看和比较同行中做得比较好的商家，向他们借鉴学习。那么，如何选择竞品店铺和提炼竞品店铺的卖点呢？

你可以对比多家店铺的卖点，取其精华去其糟粕，再结合自家店铺的情况来操作产品，从而提高自家产品的点击率和转化率，提升店铺的竞争力。

需要注意的是，找竞品并不仅仅是简单地搜索一个关键词就可以了。刚开始的时候也不是要让一个新链接产品去和排名第一的较量，那肯定是行不通的。同一个层级、同一个价位区间、同一个款式中的高销量产品才是我们学习的优质竞品。简单地说，那些搜索排名在自家产品前面或者后面几名的产品才是我们要选择的竞品，因为它们和我们自家的产品都有着差不多的曝光量。只有一步一步地提升自身的层级，我们才能一步一步地"打"上去。

在确定自家的卖点时，可以多参考竞品店铺的主图和详情页，圈定出它们的卖点是哪些，然后结合自家店铺的优势来操作自己的产品。

另外，可以多看看竞品店铺的评论区和"问大家"板块。买家的留言往往是最能反映问题的，也最便于提炼出买家的痛点。而且，我们可以结合同行的问题来检查自身是否有同样的问题，从而避开雷区，毕竟买家反映出来的痛点才是最好的卖点。

通过参考竞品店铺的主图、详情页、评论、"问大家"等，找出产品的卖点，做到人无我有、人有我优，从而大大提高自身的产品竞争力。

2.1.3　店铺基础设置

下面我们将介绍开店时的一些基本设置和注意事项。

店铺名称可以选取一个和自家店铺主营产品相关的、简单好记的名称。需要注意的是，带有"旗舰店"或者别家品牌已有的名称都是不可以使用的，会因涉嫌违规被扣分。

同理，店铺标志也不能使用别人的Logo，同时需要注意图片的尺寸及格式，尺寸宜为80PX×80PX，格式为GIF、JPG、JPEG、PNG，且文件大小不能超过80KB。

经营地址和主要货源结合自身实际情况填写即可。

店铺简介主要包括以下三个方面，而且会加入到店铺索引中：

掌柜签名，是指店铺的签名或者店铺梦想展示，例如"你的专属造型师"。掌柜签名可以很好地表现出自己的个性化，但一定不要过于夸大，否则会产生反作用。

店铺动态，是指店铺最近的促销方式，例如满两件五折等。需要注意的是，店铺动态需要展示出最为及时的促销信息或者上新动态，而且需要客观且真实。假如信息是虚假的，那样不但不会有展示，还会让买家不再信任你，得不偿失。

主营宝贝，是指店铺主要售卖的宝贝的风格和类型等，例如古风服装等。主营宝贝应尽可能客观、真实地填写店铺所售卖宝贝的类型、适合的人群以及风格等。这也是能很好地将自家店铺与其他店铺区分开的方式。由于能够展示出来的词数是有限的，所以务必要将能够体现你家店铺的主营宝贝展示给买家看。一定不要使用一些与你店铺无关的词语，否则很有可能由于相关性较差而导致无法被展示，破坏真正的买家的体验。

具体后台编辑格式如下图所示：

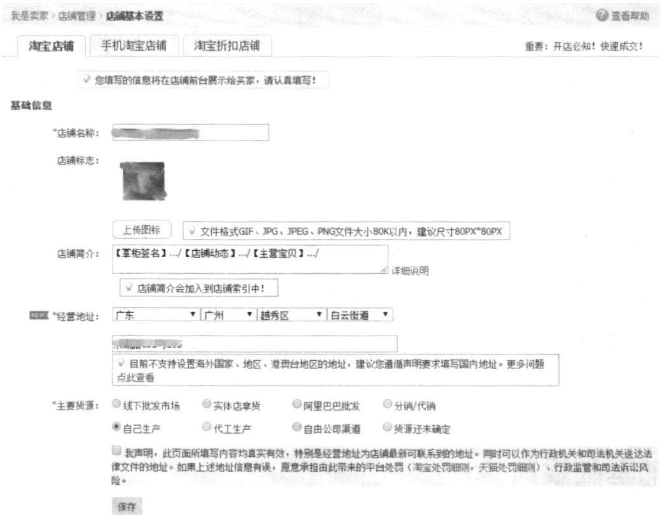

图2.1.5 店铺基本设置

2.2 店铺产品规划

在运营店铺的时候，我们首先需要做的就是对店铺产品进行规划，找出其中有潜力、能做好的产品，即判断哪些是能带动人气、带来流量的款式，哪些是利润空间足够大的款式，哪些是专门在做活动时使用的款式，哪些是用来打造店铺形象的款式。

一般来说，我们会把产品分为引流款、利润款、活动款、形象款四类。每一个款式在店铺中都发挥着自己不同的作用。如果你想要打造这些款式，就得知道这四种款式的区别在哪里。接下来我们就来深入剖析这四种款式。

2.2.1 如何选择引流款

引流款，是指给店铺和店铺商品带来大量流量且转化率不错的产品。一般来说，这类产品的价格都不高，属于不盈利或者盈利幅度很小甚至小亏的产品。在运营店铺的时候，我们首先需要有一个或者多个能为店铺带来大量流量，而且能够吸引更多意向客户的产品，而这款产品本身可以是不赚钱的。引流款的主要作用就是为店铺引入流量，增加店铺曝光度，提高店铺的整体转化率。

想要打造出店铺的引流款，首先要做的就是选款。一般来说，选款有三个要点：低成本、高价值、相关性。低成本，是指产品有一定的利润空间，因为只有产品的成本较低，才会有较大的利润空间可以让我们通过让利来设计引流。高价值，是指在顾客看来，这款产品与其他店铺的产品相比是比较划算的，这样我们就可以通过拉低价格或者赠送一些相关联的赠品来达到我们想要的目的。引流款还必须具有一定的相关性，也就是说它与店铺中的利润款要有较强的相关性，这样才能带动利润款的销售，毕竟利润款才是整个店铺利润的主要来源。

要成为引流款，该产品一定要具备当前热度和较高的点击率。那我们应该怎么选择引流款呢？我们可以通过一些工具来实现，例如生意参谋、生e经、直通车等工具都可以用来测试选款，如图2.2.1所示。

图2.2.1　生意参谋的"搜索排行"

借助上述工具，我们可以查看访客数较多的产品，然后从中选择一部分产品来测试一段时间，其间要做好这些产品的标题优化，每天关注它们的详细数据，具体而言就是关注它们的收藏、加购（指加购物车）、点击率、转化率、跳转率等情况。建议将这些数据做成表格，以方便后期对比，然后每天不断地进行优化。

观察一段时间后，我们可以筛选出两三个加购率、收藏率、跳转率、转化率都相对较好的产品。如果当中有一些产品的收藏率、加购率都非常高，只是转化率不太好，那我们就需要对详情页进行优化了。

在筛选时，应尽量选择物美价廉的产品，选好后就可以把这两三款产品当作引流款来操作了。当然，最不可缺少的就是实际操作线上交易，这样店铺的访客和展现就会慢慢地多起来，从而带动其他产品的销售。如果这个产品或者这两三个产品达到了这样的效果，它们也就成功地变成引流的款式了。

2.2.2　如何选择利润款

利润款，是指店铺中利润最高，能够针对某一个特定的人群来进行转化且成交，从而达到利润最大化的那一部分产品。对于淘宝店铺产品销售而言，"二八法则"同样适用。也就是说，能为店铺带来百分之八十的利润的产品，它们的数量一般只占店铺中所有产品的百分之二十。利润款就是这百分之二十的产品。

我们可以通过一些营销工具来查看支付金额多的产品，这些产品相对来说适合用来作为利润款。一般利润款的特点都是低流量、高利润，因此要最大化地利用引流款所带来的进店流量，使其导向利润款。在推广方面，我们需要以更加精准的方式向目标人群做一些定向推广。例如在推广前期，我们需要先以少量的定向数据来做测试，或者通过预售等方式来进行产品调研，实现供应链的轻量化。

2.2.3 如何选择活动款

选择活动款时，我们必须要明确一点，那就是这些挑选出来参加活动的产品要达到什么目的和效果，比如可能是为了换季的时候清理库存，或者是冲销量，或者是为了让客户体验我们的品牌。我们要根据不同的目的来选择不同的方式进行操作。

例如，清库存、冲销量，一般是对一些尺码不足、陈旧的款式进行清理，这样也必然会牺牲一些客户对品牌的体验。很多网站上会有一些特卖、低折、几件多少折扣等以"促销"为字眼的产品专栏，这就是一种清库存的方式。另外，像一些淘宝主播、淘宝达人，他们也会推荐这些清库存的产品，比如仅剩最后多少件或者限时多久购买的物美价廉的产品。

2.2.4 如何选择形象款

形象款是店铺产品中最具有视觉冲击力的那部分产品，也是专门为了维持品牌形象而打造的产品。形象款产品的定价一般会相对较高，因此销量少，也不需要我们太注重它们的销售额，但是它们的主题辨识度是最高的。例如平时出去吃饭时，一些餐厅里面的佛跳墙等奢侈名贵菜品的价格都会相对较高，能接受的人群最少，这一类菜肴就属于餐厅的形象款。

2.3 店铺页面布局

2.3.1 首页：店铺的门面与展示柜

一些客户主动进入我们的店铺时，店铺首页装修的重要性就体现出来了。我们应该怎么进行首页的装修和排版呢？这样排版的意义和价值又是什么呢？简单来说，一个装修得当的首页，能有效地提高店铺的转化率和老客户的回访度。

店铺的首页装修会影响消费者的访问深度，因此一个店铺的装修风格是需要统一的，不管是整体装修还是横幅广告（Banner）的风格都要一致，这样既可以增加人群对店铺的喜好度，也可以提高消费者进店看到产品后的浏览跳转率。如果一个店铺的整体装修风格都是一致的，消费者就有很大的概率会点击浏览产品详情页，进而提高跳转率。如果首页整体装修已统一为一种风格，但产品Banner却是其他风格，就会导致跳转率极低。

在店铺的首页中，我们还可以添加自家店铺的活动，例如9.9元专区、满三件七折专区等。

2.3.2　店招：店铺的招牌

店招，即店铺的招牌，是店铺给消费者的第一印象。一个好的店招，不仅能吸引消费者的眼球，提高订单量，还能很好地进行品牌宣传。店招的大小虽然只有950PX×150PX，但是我们需要最大化地利用好它。店招其实也是一个免费的广告位，比如图2.3.1所示的店招，在其中放置店铺主推的产品，就能起到很好的引流导航效果。

图2.3.1　店招

2.3.3　导航：好的导航分类就是导购员

在图2.3.2中，我们可以看到各类考试根据不同行业被细致地分类归总在了一起。在产品比较多的情况下，细致的分类可以让消费者在进入我们的店铺后快速找到他所心仪的产品，给客户带来较好的购物体验。就好像你去超市买东西，超市里都是事先把产品分门别类地摆放好。比如你要买零食，那周围几个柜子基本上都是放零食的，如果柜子最上面一层是化妆品，中间一层是零食，下面一层是家电，可以想象那样的购物体验会有多差。

图2.3.2　分类

所以，如果店铺产品比较多，我们一定要做好店铺首页的分类，让客户进入店铺首页后，能够方便快捷地找到所需要的产品。这样一来，流量的利用率会相对较高，不会出现因店铺布局太杂太乱，客户进店后找不到想要的东西，最终导致客户流失的情况。

2.3.4　详情页设计：360°展示产品的方方面面

一个设计出众的详情页，需要抓住买家的痛点，展示自家产品和类似产品的区别。在设计时，你可以指出竞品的一些劣势，同时突出自家的优点。比如童书产品，你可以展现自家产品的纸质环保、耐磨耐脏等优势。

利用详情页精心设计营销布局，做好产品定位，突出竞争优势，通过提炼卖点来抓住买家的心理，就能极大地提高产品的转化率。

2.3.5　引导转化小技巧

在设计宝贝详情页的时候，我们可以在热销的商品上放一些Banner，关联一些可以进行搭配的同类型产品，页面要尽量做得好看一点。例如，在图书《西游记》的详情页上，我们可以放置一个四大名著套装的Banner，客户看到后很有可能会点击进去查看，这就增加了访问深度，也可能提高整体的销售额。

2.4　店铺促销管理

2.4.1　如何寻找促销的"借口"

促销活动对于我们经营淘宝网店来说是很重要的。要懂得投资，短时间的失利并不代表长久的失利。淘宝上的促销活动种类很多，有免费的，也有付费的，这就需要我们根据自身的需求去选择了。

促销一定要有一个"借口"，也就是"凭什么做促销"。我们可以随便找个"借口"让促销活动变得名正言顺，例如开店周年庆、情人节、圣诞节、女王节，等等。如果还找不到"借口"的话，我们可以用清仓、新货上架等方式开展促销活动。只要我们把自己想象成消费者，他们能够理解的所有"借口"都是可以使用的。

2.4.2　常见的店铺促销方式

常见的店铺促销方式有"满减""满多少件打折""满多少包邮"等。它们可以刺激顾客为享受优惠而多买几件商品，从而提高客单价。

常用的店铺级促销设置工具是"店铺宝"，这是淘宝官方的一个营销工具，可在

【营销中心】—【营销工具中心】—【店铺宝】中打开，如图2.4.1所示。

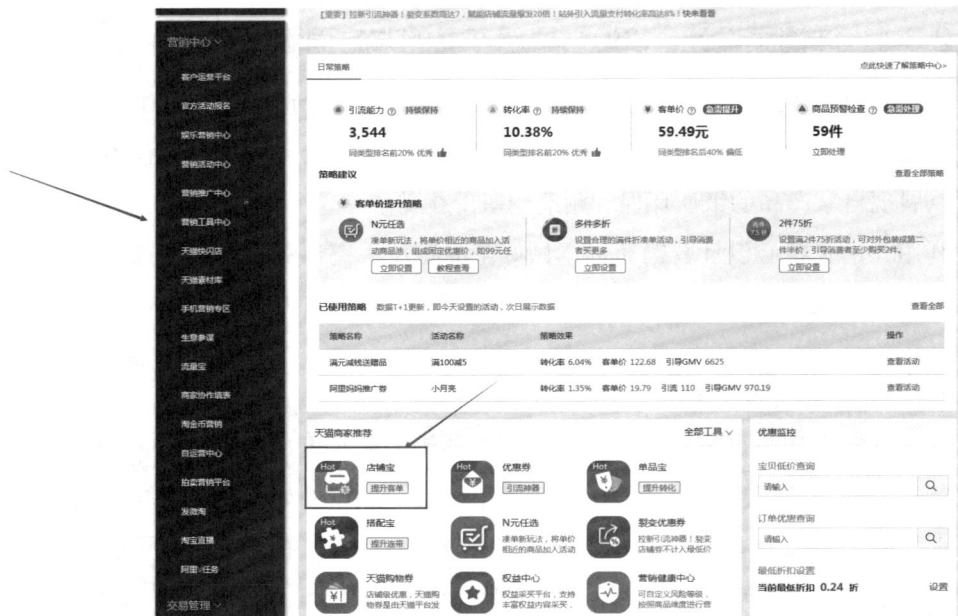

图2.4.1　店铺宝

　　"满多少包邮"是淘宝网上最常见的一种促销方式，有的是满多少件包邮，有的是满多少金额包邮，但性质都是一样的，都可以很好地刺激消费者的购买欲望。例如，客户购买的产品价格是40元，邮费还需要10元，但是看到店铺满50元包邮，那么他一般会在店里再买点其他产品凑单。当然，偏远地区一般不会设置包邮，否则就要承担一定的亏损了。

　　还有一种促销方式是"满多少件打折"或者"限时打折"。我们可以根据自己的产品的实际情况来决定采取哪种方式，比如现在很多服装店会设置满2件9折、满3件8折这样的促销折扣。就拿笔者自己来说，我如果看到了这样的促销活动，一般就会直接买3件，感觉自己好像占了便宜。

　　"满××就送"也是卖家最喜欢使用的促销方式。例如设置买满100元就赠送小礼品，这种方式也可以激发很多客户的购买欲望，让他们想要多买一些，而客户为了得到礼品而多买的东西，就是我们设置"满就送"的真正收益。

2.4.3　常见的单品促销方式

　　常见的单品促销方式有打折、满减、促销价、优惠券等。单品促销方式不仅可以迎合消费者想要用更低价格买到高品质商品的心理，还可以激励消费者，提高消费者的购买热情，从而促进消费，达到盈利目的。

　　常用的单品促销设置工具是淘宝官方的"单品宝"，可在【营销中心】—【营销工具中心】—【单品宝】中打开，如图2.4.2所示。

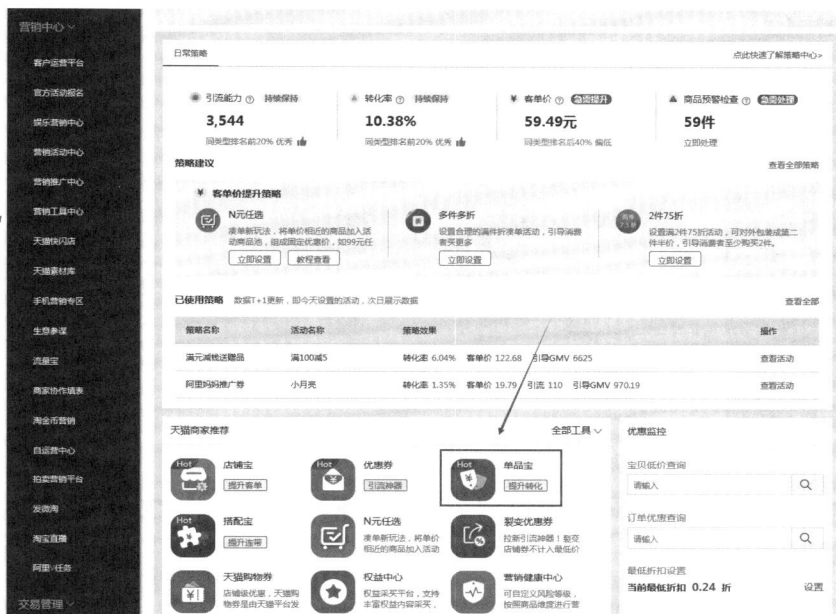

图2.4.2　单品宝

　　需要注意的是，单品设置的最终优惠力度要高于店铺的最低折扣，而且单个商品在"单品宝"中只能设置一个活动。如果想要再次设置活动，就只能修改而不能添加，否则就会显示你已经参加了其他活动。

　　还有一个需要我们注意的问题是，这些促销活动是计入最低价的，所以不能为了新品销量就设置一个很低的促销价格，否则在报名淘宝官方活动的时候系统可能就会不予通过了。

　　"单品宝"是一个单品级的促销活动设置工具，是可以和其他店铺级的促销活动叠加进行的，如满几件打几折等。

2.4.4　搭配套餐：提高店铺连带率

　　搭配套餐是指将两款或者两款以上的产品组合起来进行销售，也就是一种捆绑消费，使商品价格更加优惠。在流量不变的情况下，搭配套餐不仅提高了销售额，也提高了店铺连带率。搭配套餐典型的例子就是麦当劳甜品站的"第二份半价"。

　　常用的搭配套餐设置可以使用"搭配宝"，可在【营销中心】—【营销工具中心】—【搭配宝】中打开，如图2.4.3所示。

图2.4.3　搭配宝

在设置的过程中，不要让客户觉得你是在推销东西，而是要让他觉得是他来"占你的便宜"。例如，你可以设置一张无门槛的优惠券，关注店铺即可领取，待客户下单付款后，再设置提示加3~5元即可换购一个价值20元的商品。另外，在设置的时候要选择关联性强的商品，这样效果会更好，例如图书店铺可以在售卖《西游记》的同时推出四大名著的搭配套餐。

需要注意的是，促销策略一定要遵循市场背后的消费者大数据来制定，才能提高客单价、转化率、连带率和增加店铺的访问深度，进而达到最好的效果。例如，某个产品的定价为38元，在搭配套餐或者促销活动的时候你可以将售价设置为两件68元，这样虽然相比于单卖少赚了8元，但是节省了一份快递费、广告费、流量费等，总的来说肯定是划算的。或者你也可以设置满40元减5元的活动，客户一看到就差2元钱而已，一般都会选择在店铺内多买一件产品凑单来达到这个门槛，这就又增加了整体销售额。

2.5　平台规则

2.5.1　不得不知的淘宝、天猫规则

接下来将简单介绍淘宝、天猫平台的一些规则。整体上，淘宝、天猫出台规则的

目的并不是为了处罚商家或者扣分，更多的是要纠正商家的违规行为，以教育为主，处罚为辅。对于很多第一次犯错、违规情节不严重的商家，淘宝官方多是先予以警告，或者只扣分不处罚。只有当商家被扣分数累计到一定分值的时候，官方才会根据违规行为所属类别进行不同档次的处罚。

淘宝网上涉及的违规行为分为一般违规行为和严重违规行为。其中，一般违规行为包括滥发信息、虚假交易、延迟发货、描述不符、违背承诺、竞拍不买、恶意评价、恶意骚扰、不当注册、未依法公开或更新营业执照信息等；严重违规行为包括发布违禁信息、侵犯知识产权、盗用他人账户、泄露他人信息、骗取他人财物等。

1. 常见的一般违规行为及处罚节点

表2.5.1　一般违规

违规类型	扣分节点 （每12分一个节点增加7天处理期）	公示警告	限制发布商品	屏蔽店铺
一般违规 （A类）	当前扣分累计12分	7天	7天	7天
	当前扣分累计24分	14天	14天	14天
	当前扣分累计36分	21天	21天	21天
	当前扣分累计48分	28天	28天	28天
	当前扣分累计60分	35天	35天	35天
	……	……	……	……

2. 淘宝商家最容易出现的一般违规行为

（1）滥发信息。这种行为大多出现在商家发布宝贝的时候，尤其是一些新手商家，可能会随意填写一些商品信息，导致被系统提示滥发信息违规。例如，商品标题等信息与商品本身无关，这就属于乱用关键词，会被判断为滥发信息。轻则系统提示警告处理，重则删宝贝进行扣分，导致店铺不能做付费推广，也不能参加淘宝官方活动。还有一点需要注意的是，各种极限词都是严禁使用的。

（2）虚假交易。这种是指通过不正当的方式提高淘宝商城商品的销量，妨害买家高效购物权益的行为，包括刷单、更换商品等。一般新商家会比较有可能出现这种违规行为。虚假交易的目的一般都是销量破零、冲销量排行、提高权重。为了销量破零，在不违反平台规则的前提下，建议找一些老客户、会员等进行商品推销、交易，并适当地给他们让利，安全又实惠。

（3）延迟发货。卖家在买家付款后表示不能及时发货或未在72小时内发货，妨害买家高效购物权益的行为，会被扣3分，同时须向买家赔偿该商品实际成交金额的30%，但赔偿金额最高不超过500元。当然，定制与预售类商品不在此列。

（4）违背承诺。例如，淘宝官方判定卖家确实应该承担退货退款或其他售后保障责任，但卖家拒绝承担的，就会被处以扣12分的惩罚。在买家索取发票的时候，如果卖家告知买家不提供或者要求额外支付钱款才提供发票的，也属于违背承诺的行为。

3. 严重违规行为及处罚节点

表2.5.2　严重违规

违规类型	扣分节点	公示警告	限制发布商品	下架所有商品	屏蔽店面	限制创建店铺	删除店铺	监管账户	查封账户
严重违规（B类）	12分	7天	7天	×	7天	7天	×	×	×
	24分	14天	14天	14天	14天	14天	×	×	×
	36分	21天	21天	21天	21天	21天	21天	×	×
	48分	永久	永久	永久	永久	永久	永久	30天	30天后执行永久

严重违规行为，是指严重破坏淘宝网经营秩序，并涉嫌违反国家法律法规的行为。具体处罚如下：

（1）会员严重违规扣分累计达12分的，处以店铺屏蔽、限制发布商品、限制创建店铺、限制发送站内信、限制社区功能及公示警告7天的处罚。

（2）会员严重违规扣分累计达24分的，处以店铺屏蔽、限制发布商品、限制创建店铺、限制发送站内信、限制社区功能及公示警告14天的处罚。

（3）会员严重违规扣分累计达36分的，处以关闭店铺、限制发送站内信、限制社区功能及公示警告21天的处罚。

（4）会员严重违规扣分累计达48分的，处以查封账户的处罚。

会员因单次违规扣分较多，导致累计扣分满足多个节点处罚条件的，或在被处罚期间又须执行同类节点处罚的，仅执行最重的节点处罚，比如同时被36分严重违规、12分一般违规处罚的，执行36分严重违规处罚。

2.5.2　日常店铺运营禁忌与规避

在日常运营店铺的过程中，我们应尽量降低退款率，避免退款纠纷，也要尽量减少淘宝小二介入的情况发生。

1. 对于进行线上交易的商家，由于系统会检查快递物流的情况，因此一定要杜绝当天发货当天就确认收货甚至快递还没收到就已经确认收货的情况发生，否则很容易被系统判定为虚假交易。

2. 客服人员需要主动引导买家给予比较好的评价、评分。这个服务综合得分是很重要的，它直接反映了店铺商品的服务质量，同时也是搜索排名权重的核心。因此，一般店铺都会有专门的客服组长来进行管理，并且都是经验丰富的人员。

3. 放错类目是一种比较低级的错误，一般只有新手才会出现这一类情况。商家要避免这种错误，就需要在发布宝贝前事先了解自己的产品类目，如果不知道产品所属的类目，可以参考系统推荐的或者优秀卖家中同类产品设置的类目。

4. 随时监控好自家店铺的滞销产品。一般情况下，在一个月内都没有销量的产品就可以认定为滞销产品了。运营过程中，店铺滞销率需维持在20%以下，一些新品或者滞销产品可以做到线上成交5单左右就算是不错的情况，但是最理想的是店铺内有20%左右的产品销量都不错。

5. 产品的上传发布不能违反淘宝商品发布规则及附属规则，尤其要注意不同颜色、尺寸的同款产品必须发布为同一个宝贝，并注意关键词撰写要符合规则要求。目前淘宝官方在这方面的管控比较严格，如果被查出存在问题，就会被直接强制删除产品链接。

2.6 店铺规划常见问题及解答

1. 店铺基本设置为什么无法保存成功？

如果是企业店铺，在店铺基本设置页面填写完信息后点击"保存"却无法保存成功的，可以检查工商注册信息中"营业期限"填写的日期格式是否正确。如果是个人店铺，先确认在设置店铺名称时是否出现违禁词等违规信息，建议根据页面提示查看无法保存的原因，调整后再点击"保存"。

2. 创建"单品宝"活动为什么提示"最终优惠力度应高于店铺最低折扣"？

为了防止商品叠加多个优惠后价格低于商家期望，每个店铺均可以设置一个店铺最低折扣。若设置"单品宝"折扣时出现"最终优惠力度应高于店铺最低折扣"的提示，可进入【营销中心】—【店铺营销工具】右侧修改店铺最低折扣。

3. "单品宝"可以和"搭配宝"叠加使用吗？

"单品宝"和"搭配宝"同属于单品级优惠，只有其中的最低价会生效。

扫码立领

☆网店经营流程实战手册
☆主流平台运营模式解析
☆增长策略小讲堂

第3章 官方活动及其玩法

本章导读

网上购物已成为深受人们喜爱的一种购物方式，其中起到最大推动作用的就是淘宝、天猫的官方大促活动。这些活动渐渐地融入到了人们的日常生活中，甚至推动了实体经济的发展。玩转官方活动也是一门学问，它不单单是一种营销手段，更是提升店铺层级的"驱动器"。一切营销活动，都应从营销目的出发。在熟知规则的基础上，商家需要运用一定的技巧去运转它们，从而实现利益的最大化。

3.1　淘宝天猫活动节奏

3.1.1　官方大促活动及报名流程

1.　官方活动及其大促等级

官方活动按重要程度的高低划分为S级、A级、B级、C级，其中S级是比较重要的活动，影响力较大，官方给予商家的流量曝光资源也比较多，如"38女王节""618年中大促""99大促""双11""双12"等这些都属于S级活动。不管是天猫商家还是淘宝商家，对于这类S级的活动都需要非常重视和谨慎，因为这些活动不仅能给店铺带来巨大的流量和销量，还可以帮助商家提升店铺层级，而且活动之间关联性较大，如果两个活动时间相距较近，前一个活动的效果会直接影响后一个活动获得的平台流量的大小。

S级活动也有流量大小之分，其中"双11"活动为全年流量最大的一个活动，排在后面的依次是"双12""618年中大促""38女王节""99大促"，因此我们可以根据官方不同时期给予的流量大小来安排报名，做好全年的活动规划。

与S级活动相比，其他促销等级的活动流量较少，但也不应该忽视。一般行业级别的或者是与节日挂钩的活动，例如服装类目的"新势力周"、图书类目的"世界读书日"、电子产品类目的"一起来电"、五一劳动节的"51狂欢"活动、每年3月和9月的开学活动等，虽然官方给到的流量较少，但仍然能带动一定的销售。这些活动开始后的流量和销量一般是日常的1.5～3倍，而且报名期也较为密集，一般每个月有2～3次，因此商家也需要实时关注后台动向进行报名，以免错过最佳报名时间。

2.　官方活动报名流程及常见玩法

官方活动流程一般有四个阶段：商家报名、商品报名、预热时间和正式活动。在报名阶段，商家需要填写店铺信息，经小二审核通过后，就完成了商家报名的操作，可以进入商品报名阶段。

商品报名阶段又分为现货申报、个性化会场信息提交、玩法。

（1）现货申报最为简单，可以手动选择产品申报，也可以用表格批量提交的方式进行报名。需要注意的是，现货申报有一定的时间节点，会影响改价、调整库存数量、撤销报名等操作，因此需要关注时间节点，以免错过操作的最佳时间。

（2）个性化会场主要用于报名、提交商品赛马产品和店铺赛马图。何为赛马？

"赛马"就是有机会展现在官方会场的店铺或者商品。需要注意的是，不是所有报名审核通过的商品或店铺就一定能在会场上展现，系统会根据预热期和正式活动期间的活动效果来提供展现的机会。预热期以收藏加购为考核标准，正式活动期以成交转化为考核标准，因此选择产品和会场图必须非常慎重。

在进行商品赛马报名时需要关注两个点：第一，选品少且精。选品最好是店铺Top10内的产品，报名数量最好控制在5~10个以内，不能太多也不能太少，因为即便产品有机会上会场，每家店的会场商品最多也不会超过2个。如果报名商品太多，反而会减少在会场展现的机会。第二，利益点必须吸引人且能在店铺页面轻松找到。

在进行店铺赛马报名时也需要关注两个点：第一，会场图片点击率。这就要求店铺会场图内的产品必须是流量品，能吸引客户点击图片进入店铺。第二，利益点有竞争优势。这就需要商家在活动开始前对市场进行调研，带动流量，促进转化。

那为什么要重视个性化会场报名呢？因为会场可以带来巨大的免费流量，特别是一些S级大促活动，大店会场流量一般能占全店流量的16%~30%，中小型店铺也能达到5%~15%。换句话说，报名官方活动就是为了报名个性化会场。

（3）一般较为常见的玩法有前N件9折/5折、有价券、分期免息等。而在报名参加一些S级大促活动的时候，一般会新增一些新玩法，例如红包返现、密令红包、购物津贴、品类券等。这些玩法的原理都比较简单，其中最需要关注的是购物津贴和品类券。一般商家都会报名参加，因为这会直接影响产品在会场或搜索页面的展现。由于购物津贴或品类券是满足平行折扣的，即单品优惠价总和只要满足各层级优惠门槛，就可用优惠都可同时享受。而且，津贴或品类券的优惠额度都是由商家出资的，因此报名这个玩法前需要考虑店铺的盈利模式，做好店铺优惠券的搭配设置，从而实现玩法效益的最大化。

另外，符合条件的玩法有很多，我们甚至可以报名参与所有的玩法，但首先需要明确一点，就是任何玩法的参与都必须以强烈的目的性为导向，换句话说，就是不要为了报活动而报活动。例如，如果我们参加本次活动是以利润为导向，则需要更多关注这些玩法所带来的转化效果，而非无效流量；如果玩法带来了很多流量却导致一些费用上升，那无疑是本末倒置。

3. 注意事项

（1）价格保护期，一般是指某些大型活动结束后15天内报名该活动的产品不能进行降价操作，如系统检测到降价行为，将会对店铺进行扣分处置。

（2）在活动过程中无法撤标。活动报名成功的商品在活动期间无法撤标，因此报名前需要关注商品操作时间节点，确定好选品再报名参加活动，减少不必要的损失。

（3）玩法设置禁忌，除了设置官方活动，很多商家还会设置自己店内的活动来增加销售，这就需要在设置玩法的时候避免"踩雷"。例如"免费领""0元购""免单""好评有礼"等活动是不能设置的，一旦被发现、举报，店铺可能会被降分处置。除此之外，抽奖盘的中奖比例和奖品份数也需要在页面上进行公示。

3.1.2 活动前期准备

1. 甘特图促使活动有效进行

活动开始前，我们需要对整个月进行时间规划以方便活动报名，可制成如图3.1.1所示的甘特图。

5月	1	2	3	4	5	6	7	8
	五	六	日	一	二	三	四	五
节日	劳动			青年				
天天特卖						XX产品天天特卖		
主题团					XX产品主题团			
淘抢购			XX产品淘抢购					
大促活动	51狂欢正式开始							

图3.1.1 甘特图

2. 通过活动人群确定主题和选品

前面提到，不同活动会有不同的流量效果，因此活动前需要确定活动的性质及人群。一般行业内的活动主题可以根据人群来选品，例如开学季就需要多选一些学生适用的产品放在页面或赛马会场上，后续设计活动页面及玩法布局时也需要根据人群特点来进行。

而对于一些S级大型活动，人群定位就没有那么讲究了，一般以店铺自身定位人群为主开展活动就可以了。

3. 从客户的视角确定玩法和完善页面布局

一个优秀的活动页面是提升转化的关键，可以引导客户进入更多二级页面，深入浏览多个产品，最后产生订单。这主要取决于三个因素：一是玩法的吸睛度，二是产品布局的合理性，三是整体页面布局的有效性。

何为吸睛度？顾名思义就是玩法不仅能够吸引客户，还要能吸引活动策划者本身。如果这个玩法连策划者自己都觉得无利可图，那又如何成功吸引到客户呢？设置好玩法有两个关键点：一是要站在客户的角度去审视玩法；二是要将玩法操作简单化。只有真正能给客户带来便利，同时又能给客户带来利益的玩法才是一个真正吸引人的玩法。

好的产品是店铺销售的根本。在这个生活节奏快速的时代，客户在一个页面上停留的时间越来越少，因此页面的产品布局至关重要。不好的产品不仅会减少转化，还会带来高跳失率。因此在进行页面产品布局的时候，要尽量将流量爆款放置到页面的重要位置，其次再放一些利润款或形象款以引导消费。

做好玩法和产品布局之后要如何进行整体页面布局呢？同样地，我们需要站在客户的角度进行分析。客户进入活动页面一般有这几种途径：会场、店铺Banner图、推广图、微淘旺旺或其他推广入口等。客户进入页面后首先看到的是利益点和产品，这就决定了我们进行页面布局的先后顺序，即将最重要的部分放置在海报最明显的位置上，其次置顶优惠券和玩法，再向下罗列我们的重点产品。做好这些步骤后再进行必要的关联销售，即专区化营销，通过设置主题专区、主题产品池，更好地引导目标人群转化下单，提高客单量。

4. 提高预热前曝光度

精心设计的页面是基础，而流量就是促成交易的助推器。活动前期我们可以通过钻石展位推广、发布微淘种草文章、淘宝群、设置客服旺旺自动回复来提高活动的曝光度。总之，我们要尽可能提高活动曝光度，引入更多的流量，否则即使将页面做得再好，也是白费。

5. 关注预热期数据，应对时时变化的市场

做好前面的基本功，就可以撒手不管了吗？当然不是，因为市场时时都在变，这就需要我们在活动的预热期关注一些市场数据并及时做出调整，通过查看和记录页面点击情况、停留时长、访问深度、跳失率、商品收藏加购率等数据，以及查阅往期预热活动数据，及时优化页面玩法及产品布局，从而获得更好的转化率。只有做到未雨绸缪、稳扎稳打，才能应对时时变化的市场。

正所谓"知己知彼，百战不殆"。除了关注自家店铺预热的数据，我们还需要关注竞争对手店铺的数据：一是关注竞品信息，包括竞品的价格及活动力度；二是关注竞店数据信息，包括流量指数、收藏加购人气。通过这些数据情况的变化寻找原因。

3.1.3　活动中期维护

当活动正在进行时，工作内容会比较少，因此很多人认为活动开始后就可以撒手

不管了。其实，活动中期的维护也是至关重要的。

首先，虽然活动数据已基本定型，但是这部分的工作内容仍不能忽视，因为当中还有很多改进的余地，例如记录页面访客数、点击情况、访问深度、跳失率等，通过分析这些数据可以及时调整页面及产品选品，另外也可以为复盘做好准备。

其次，要知彼。关注竞品价格、活动及优惠力度的变更，例如竞品主图的变更、活动利益点变更、产品价格调整、活动优惠力度变化等，因为竞争对手的微小变动可能会影响我们产品的销售情况，这就需要我们有见微知著的眼光。

3.1.4　如何进行活动复盘

何为复盘？复盘就是将已经结束的活动项目重新梳理一遍，从而获得更深层次的理解，为下一次活动准备积累经验。活动复盘一般分为活动整体分析、过程细节化分析、经验总结三个部分。

1. 活动整体分析

活动整体分析包括此次活动的盈利情况分析、目标达成情况分析、往期活动对比分析。我们可以用一张Excel表记录活动的关键指标，比如通过下方表格，活动的整体情况一目了然。

XX活动复盘					
支付金额	推广费用	推广费用占比	销售成本	毛利率	目标完成率
	总费用	总费用占比	销售利润		

图3.1.2　复盘表

往期活动对比分析：

往期活动对比										
日期	浏览量	访客数	平均访问深度	人均店内停留时间	跳失率	成交买家数	成交金额	支付转化率	客单价	件单价
2018-12-12										
2019-12-12										
同比增长率										

图3.1.3　活动对比表

2. 过程细节化分析

过程细节化分析主要包含如下数据：

（1）不同时期（预热期、正式期、尾声）的流量数据。对比是否符合预期目标。

（2）玩法数据。分析不同玩法产生的效果，包括参与人数、中奖人数、分享人数、优惠券使用情况等。

（3）正式期的各个维度。整理流量、转化率、客单价、UV价值（销售额/访客数）、渠道来源比重等维度的数据，分别对各数据进行横向和纵向分析。

（4）优秀Banner展示情况。通过Banner图的点击情况，分析优秀Banner图的特点，以便下次参考使用。

（5）竞争对手店铺数据分析。包括竞店各个销售维度、流量渠道比重分析等，取其精华，去其糟粕。

3. 经验总结

（1）总结亮点，比如一些做得比较好的方面，下次继续发扬。

（2）发现问题或其他有待改进的地方，提出对应的解决策略，以便下次遇到同样的问题时可以更好地解决。

3.2　聚划算

3.2.1　聚划算如何赚钱

聚划算是淘宝目前最强大的事业部之一，也是一个拉高店铺销售量的有力工具。

1. 聚划算的作用

（1）清理滞销品，短时间内提高销量，提高库存产品的动销率。

（2）有利于提高流量和转化率，累积销量和评论，提升店铺层级。

（3）增加关联销售。通过报名参加聚划算能够获得一次很好的展示机会，利用关联商品吸引消费者，这也是聚划算真正赚钱的部分。

（4）积累用户，提高曝光量。对于某些品牌产品来说，聚划算本身就是一种营销化的广告模式。

（5）通过聚划算短时间内提高商品销量，有利于增强团队信心，提升士气。

2. 开团形式

聚划算的开团形式主要包括单品团、品牌团和主题团。

3. 招商频道

根据不同的消费者需求，聚划算有不同的招商频道，包括聚名品、聚新品、量贩优选、品牌清仓、全球精选、生活服务团、视频单品团。

3.2.2 聚划算报名条件及流程

1. 报名条件

（1）非天猫旗舰店需要提供有效的自有品牌（商标）证明、品牌（商标）授权证明或完整的进货链路证明。

（2）商家应合法、合规经营，确保商品无任何质量、权利瑕疵。

（3）报名聚划算不同活动还应满足开店时长、有效宝贝评价数、近30天参聚订单退款率、淘宝店铺信用等级、参聚商品销售和库存数等要求。

2. 设置技巧及报名流程

通过聚划算不仅可以获取很多流量，还可以打造店铺爆款。打造聚划算的流程一般有以下五个阶段：

（1）培养阶段

①分析近期参加聚划算选品的销售情况，根据后台坑位规划来确定比较容易通过的品类。这里主要介绍单品团和主题团，需要注意四个方面：一是需要选择比较有特色的产品，否则可能会因为同类产品过多而无法通过报名；二是需要注意尽量将单品团的价格控制在该品类人气热销的售价区间中；三是需要选择至少销量在50笔以上的、前3页评价较好的单品；四是需要注意坑位的竞争情况，可以通过查看近期聚划算坑位了解类目竞争情况，最好选择多个类目的商品同时报名，提高通过率。

②优化完善详情页，提高报名通过率。

③提高曝光量。对店内进行全面曝光，包括首页、详情页关联页面、评价页面、客服开头欢迎语、推荐产品等；同时通过付费推广方式加大流量引入，包括直通车、超级推荐推广等。

④实时数据监控。单品的评价、评分、退款率、分享量等，都属于审核的范畴。

⑤店铺整体维持较好的状态，DSR（Detail Seller Rating，卖家服务评级系统）维持较高的水平，店内转化及好评要做好。

（2）报名阶段

①聚划算主图的精美程度，一定意义上决定了审核的通过率，其次是标题、卖点。

②商品内页要求部分类目的产品内页出现质检报告，还需注意内页不能出现搭配套餐、杂志图、引导顾客好评等内容。

③确定报名数量，如果过少会被拒绝，而且不同类目对单坑产出有不同的要求。

④报名审核的周期是5个工作日和1个周末，一共7天，所以要通过期望活动日期来确定报名日期。

（3）审核阶段

①保证单品每天的销售量、收藏量等，其间持续推广。

②做好被拒绝的准备，随时准备好Plan B、Plan C等备选方案。

③做好老顾客的安抚工作，避免中、差评或投诉。

④如果获得了参与聚划算的机会，我们需要加入对应类目小二负责的交流群，通过这个交流群及时获取小二发布的消息。同时，我们还需要做活动计划，涵盖目标销售额、推广计划、店铺利益点等，以文档等形式发给对应的小二。

（4）活动阶段

①把握好第一次上聚划算的机会，因为如果第一次参加聚划算之后的产品评分比较高，以后再上聚划算会比较容易。

②确定产品周期，整个流程要安排得紧凑一些。

③增加终审通过的产品，有机会拿到比较便宜的坑位。

④活动中开团前5～10分钟要起大销量。店铺要配合钻石展位和直通车，获取额外的流量和展现，一般不超过日销量的25%，依类目不同而定。

（5）复盘阶段

复盘阶段就是聚划算结束后要作出数据和销售的反馈，形成文档发送给小二，并且查漏补缺，以做好下次活动。

3.2.3　收费规则

聚划算有两种收费模式：一是基础收费模式，二是特殊收费模式。

（1）基础收费模式，即基础技术服务费、实时划扣技术服务费、封顶技术服务费的组合模式，基础费用及封顶费用标准均与天数相关。

（2）特殊收费模式具体包括两种：实时划扣技术服务费的收费模式和固定费用收费模式。

3.3　淘抢购

3.3.1　低费用撬动千万流量

淘抢购是淘宝无线端最具特色的限时限量闪购平台，全天共12个场次（0点场、6点场、8点场、10点场、12点场、13点场、15点场、17点场、19点场、21点场、22点场、23点场），活动前一天开始预热，开团后商品将展示24小时。

3.3.2　淘抢购报名流程及条件

报名淘抢购一般需要满足一些商家条件和商品条件。

1.　商家条件

商家条件一般包括开店时长、店铺信用等级、评论数量、退款率、物流体验等方面的要求。报名"今日必抢"活动的商家，淘宝卖家店铺信用等级要求还需要五钻及以上，且近半年店铺非虚拟交易的DSR评分三项指标（商品描述、服务和发货速度）分别不得低于4.7分（开店不足半年的自开店之日起算）。

2.　商品条件

（1）品牌认证：品牌商品必须有品牌方提供的售卖证明或购买发票，或者有品牌渠道商的资质证明；自有品牌商品须提供自有品牌的相关证明。

（2）商品历史销售记录：①有价优惠券类目、品牌抢购、超级新粉计划、主坑拖带中的拖带商品无商品历史销售记录要求。②其他要求：价格在500元（含）以下的，报名商品近30天的历史销售记录必须在20笔及以上；价格在500元以上、3000元（含）以下的，报名商品近30天的历史销售记录必须在10笔及以上；价格在3000元以上的，报名商品近30天的历史销售记录必须在5笔及以上。

（3）限购要求：报名商品必须设置商品限购数量，限购数量最高为5个。

（4）库存要求：活动开始时，商品实际库存不得小于商品报名库存。

（5）额外要求：报名商品近半年商品描述相符DSR须在4.8分及以上。

3.　不通过的原因

如满足以上条件，但是报名多次仍然不通过，一般有以下原因：

（1）品牌知名度不够。

（2）没有满足基本报名要求。

（3）选品的销售情况较差。

（4）虚假交易较多。

（5）疲劳期控制。

（6）竞争力不足。

4. 报名技巧

当基础条件都符合了，我们还需要关注一些淘抢购的报名技巧。

（1）进行市场调研。先在淘抢购页面找到同类目的竞品。

（2）收集淘抢购市场数据。现在淘抢购全天一共有12个场次，连续跟踪一到两周淘抢购的市场情况，收集价格、销量、类目、主图卖点等相关数据。

（3）统计主要数据。包括折扣率、销售额、新品率、商品属性等。

（4）分析统计结果。主要分析该类目在淘抢购中所在的折扣区间、基础销量、评论情况、上新时间、属性情况等。

但是这种市场调研因为数据少，所以分析结果仅供参考。通过分析这些数据，我们会有更大的概率通过淘抢购报名，但我们还需要关注活动报名审核期间的店铺综合质量得分、新品期的表现等。

3.3.3 收费规则

淘抢购有五种收费模式：保底+实时划扣技术服务费收费模式、固定费用收费模式、保底+封顶收费模式、实时划扣技术服务费模式、实时划扣技术服务费+封顶模式。

淘抢购的费率较聚划算低，依类目不同而定，一般在0.5%～5%之间。

3.4 天天特卖

3.4.1 天天特卖的原理及作用

淘宝天天特卖是一个快速吸引大量流量的官方活动。天天特卖的开团形式主要包括日常单品和店铺团。根据不同的消费者需求又可分成四个不同的招商频道：淘工厂、天天农场、C2M万人批发、首页精选C2M。天天特卖活动的报名门槛较低，但参与活动的商家也需要满足一定的条件和掌握一定的技巧。

3.4.2 天天特卖报名流程及条件

天天特卖的报名条件较少，天猫店铺基础服务考核分中的"物流体验"维度得分大于或等于3分即可，报名"淘工厂"活动除外。天天农场活动招商只针对天猫商家。

除了满足天天特卖的报名条件外，我们还需要掌握必要的技巧。

1. 报名前：商家要选好款，初审选品维护是非常重要的。

（1）评估选品的报名成功率。评估的维度包括店铺DSR评分、主营类目占比、店铺信誉等级要求、选品的要求等。

①店铺DSR评分为4.8分以上，选品的动态分为4.9分以上。

②主营类目占比需要超过93%以上才比较容易通过。

③成功通过天天特卖活动的选品一般来源于店铺信誉等级较高的店铺，即等级越高，通过的概率也越大。

④选品要选择一些热门宝贝，选品转化率要够高且差评较少，保证足够大的受众面积。

（2）选择合适的宝贝要站在广大消费者的角度去进行分析和判断。

①选品要有一定的销量基础，如果没有销量方面的优势，是很难在天天特卖活动上占据优势的。

②选品价格要有吸引力，特卖就是特价出售的意思，也就是比从其他地方购买同一款宝贝的价格要低，因此在给选品定活动价的时候也需要参考同行同类产品的价格，并且要比在自己店铺日常出售的价格低。

（3）掌握报名时间节点，最好选择3天内下架的宝贝去报名，因为这个时候的宝贝权重比平时高，通过报名的概率较大。

（4）做足准备工作，做好淘宝关联销售、活动常见问题汇总。

2. 预热期：天天特卖的活动预告时间是一天，在活动前一天就有流量进入店铺，因此在预热期要做好活动宣传和曝光，拟定活动应急措施等。

3. 活动后：对于活动后的收尾工作也要做好，提前想好策略应对活动后可能会出现的问题，减少或避免售后问题。

4. 活动复盘：活动结束后要进行数据分析和效果总结，包括分析评分评价、关联情况等对店铺有后续影响的数据，总结经验教训。

3.4.3 收费规则

天天特卖主要采取实时划扣软件服务费（不包含保底费用和封顶费用）的收费模式。活动开始后，天天特卖交易订单在消费者确认收货时，将会扣除一定比例的款项至天天特卖专用收费支付宝账户，实时进行划扣。计算方式：实时划扣软件服务费=消费者确认收货的金额×软件服务费率。需要注意的是，天天特卖活动开始后，天天特卖按各类目收取的软件服务费，即使是确认收货后退款的订单，也不进行退费。上述交易数据及费用以淘宝、天猫系统后台数据为准。

天天特卖活动的服务费依类目不同而定，一般在6%～8%之间。

3.5 其他特色营销业务

3.5.1 百亿补贴

百亿补贴是商家在供货价格基础上给消费者一定比例的让利金额，能为消费者优选品牌低价让利的商品，也为品牌提供全域营销解决方案，打造品牌超级补贴日。活动类型包括百亿补贴一天团、百亿补贴三天团、百亿补贴七天团等，具体以招商页面实际展示为准。此活动不会计入天猫官方活动（除"双11"外）、聚划算、淘抢购、天天特卖等营销平台活动的最低标价、最低成交价。

商品参加了百亿补贴活动，就会与所有营销平台活动冲突，即不能同时报名参加聚划算、淘抢购、天天特卖等，但可以同时报名天猫普通大型营销活动、天猫特殊大型营销活动。

预热期内商品不能进行日常售卖。

3.5.2 天猫小黑盒

"天猫小黑盒"是通过挖掘近一个月上市的新品，挑选出优质的商品呈现给消费者。报名天猫小黑盒的商品必须符合"新品定义"（详见《天猫新品规则》），必须为国内知名品牌。参加天猫超级新品日、天猫超级新品计划的商品，还要求没有参加过官方大促、超级品牌日、聚划算、淘抢购等站内营销活动。

3.6　官方活动常见问题及解答

1. 什么是商品价格力？

在商品申报后，根据商品活动报名价及优惠玩法，计算出普通消费者基于当前活动价最容易享受到的预计普惠成交价，该预计普惠成交价会和最低成交价进行比较，计算出"商品价格力"。

商品价格力直接影响商品获取流量的能力。若"商品价格力"高，就有机会入选特色会场获得额外流量曝光；若"商品价格力"中等，则不会影响商品在公域的流量获取；若"商品价格力"低，则会直接影响商品在公域的流量获取。

2. 参加官方活动的商品会计入最低价吗？

不同活动类型，最低价的计入逻辑也不同，其计入方式具体可参照下表：

表3.6.1　最低标价计入逻辑表

活动类型	双11	是否计入天猫特殊大型营销活动最低标价（除双11外）	是否计入天猫普通大型营销活动最低标价	是否计入聚划算最低标价（报名聚划算&淘抢购&淘抢购自运营时校验）	是否计入天天特卖最低标价
双11	不计	不计	不计	不计	不计
除双11外的天猫特殊大型营销活动	计入	计入	不计	计入	不计
天猫普通大型营销活动	计入	计入	计入	计入	计入
聚划算	计入	计入	不计	计入	不计
淘抢购、淘抢购自运营	计入	计入	不计	计入	不计
天天特卖	计入	计入	计入	计入	计入
每日必买	计入	计入	计入	计入	计入

天猫普通大型营销活动包括春季/秋冬新风尚、七夕节、天猫狂暑季、亲子节等。天猫特殊大型营销活动包括"天猫38女王节""618""99大促""双11""双12""年货节"等，具体范围以该活动招商规则说明为准。

第4章

淘宝搜索：摸清淘宝搜索规则的原理

本 章 导 读

淘宝搜索是平台第一大流量分配工具，对于商家的销量有着举足轻重的作用，利用好淘宝搜索规则可以获取更多的平台免费流量。本章内容主要剖析淘宝搜索的重要性及其基本原理，进而讨论如何规避淘宝搜索降权雷区，并进一步提出淘宝搜索优化路径，从整体上为读者构建一个完整的淘宝搜索知识版图。

4.1 淘宝搜索的重要性

电商平台的竞争早已进入白热化阶段，流量红利时代已然一去不复返，现在淘宝、天猫站内流量非常珍贵，珍惜并争取平台分配的每一个流量是商家必须持续完成的课题，淘宝搜索的重要性不言而喻。财大气粗的商家可以通过付费推广为店铺带来足够的流量，但对于绝大部分中小卖家而言，使用每一笔推广费都是慎之又慎，生怕推广费投放之后收效甚微，辛辛苦苦经营店铺最后却收益甚少。只有熟悉并利用好淘宝搜索规则，才可以真正地提升店铺及产品的竞争力，为店铺带来更多的平台免费流量。

4.1.1 什么是淘宝搜索

淘宝搜索是阿里巴巴旗下的搜索引擎，主要针对淘宝、天猫平台关键词进行站内搜索推荐。淘宝搜索规则能使平台流量资源更加合理地分配。买家通过淘宝搜索可以找到心仪的产品，卖家则由此与客户有了关联，买家、卖家与搜索之间的关系如图4.1.1所示。

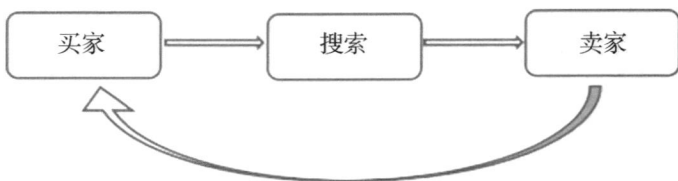

图4.1.1　买家、卖家与搜索之间的关系

简而言之，淘宝搜索就是推荐商品的算法。淘宝平台上的产品不计其数，当买家在平台上搜索产品时，系统必须为其匹配最合适的产品才可以促成下单转化，这个过程中的产品匹配规则便是淘宝搜索规则。平台商家们不断钻研淘宝搜索规则，淘宝SEO（Search Engine Optimization，搜索引擎优化）的概念随之产生，即利用该规则不断优化宝贝数据指标，使宝贝的搜索排名位置更加靠前，进而获取更多的平台流量，这也是业内俗称的"黑搜技术"。

淘宝、天猫运营本质上是对流量的运营，每一个店铺运营人员的本职工作都是熟知平台规则并为店铺获取更多的平台流量。在复杂的平台规则体系中，淘宝搜索规则是店铺运营人员必须掌握的知识，是淘宝推荐算法的根基，亦是规划其他运营工作的出发点。商家打造爆款或者维护引流款都离不开对淘宝搜索机制的利用。

4.1.2 淘宝搜索不断调整中的变与不变

自2003年淘宝网创立以来，淘宝搜索系统随着平台的高速发展也在不断地调整优化。在调整过程中，淘宝搜索规则有改变也有不变。

2010年淘宝搜索新规则发布，如平地一声雷般激起众多质疑之声。2010年的搜索大改革是淘宝搜索体系建立以来改动幅度最大的一次，其中最突出的有两点：一是降低宝贝人气权重，二是增加卖家服务质量权重。这对于一些深谙"流量之道"，特别是长期通过重复铺货或者炒作信用的商家而言，无疑是一个沉重的打击。但从另一角度来看，这次改变又给了中小卖家更多公平竞争的机会，与此同时也鼓励商家不断改善买家服务体验。

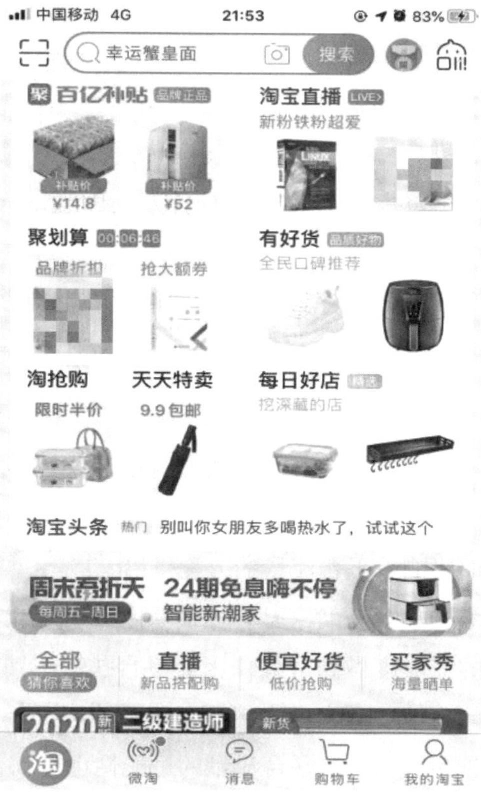

在此之后，淘宝搜索规则也仍在不断调整优化中，比如近些年逐步撤去的店铺橱窗推荐权重，以及逐步改良的"千人千面"

图4.1.2 手淘千人千面推荐展示消费者偏好

机制（根据买家的个性化浏览偏好、购物偏好或消费水平进行搜索推荐，手淘上的好货、每日好店等渠道会根据消费者购物喜好进行推荐，如图4.1.2所示）。

然而，在淘宝搜索规则不断改变的过程中，最基本的搜索原则（推荐合适优质的产品）却一直未曾改变，可以说是万变不离其宗。与此同时，店铺层级、宝贝质量、宝贝转化数据等关键搜索影响因素也一直未曾改变。

4.1.3 为什么要重视淘宝搜索

正如前文所言，如今流量红利时代早已过去，平台流量也遭遇瓶颈期，每一个商家不得不去思考如何争取到每一个平台流量，而这便要求商家要重视淘宝搜索。重视淘宝搜索可以给商家带来以下三个好处。

1. 越重视淘宝搜索，打造爆款成功率越高

爆款的成功打造往往离不开淘宝搜索排名规则的利用。在合理利用淘宝搜索排名规则的情况下，可以为爆款链接引入更多的平台优质流量，从而使爆款链接的流量结构更加合理化，流量数据和转化数据也可以甩开同款链接并保持"常胜将军"的态势。

爆款的成功打造有各方面因素的作用，但最根本的目标在于提高爆款链接搜索排名顺序，进而引入更多的自然流量并带来更多的销量和利润。如果从一开始便重视淘宝搜索排序因素，就可以赢在起跑线，后续在爆款打造过程中更加顺畅，成功率更高。

2. 越重视淘宝搜索，平台竞争度越高

淘宝搜索排名规则影响因素中有一项为店铺数据，含店铺动态评分、退款纠纷率、投诉维权处罚等内容。由此可见，店铺的整体数据影响着平台对商家的评判，进而影响着平台流量的分配供给。

平台与商家是合作关系，平台无法给买家提供产品，自然希望商家能够将此任务的完成度做到最佳，因此平台扶持店铺服务数据高于行业平均水平的商家是理所当然的事情。商家越重视改善服务流程，其店铺服务数据的分数则越高，与平台的合作便越顺畅，获取平台流量的可能性也越高，在平台上的竞争度自然也越高。

3. 越重视淘宝搜索，广告费用占比越低

近几年电商业务飞速发展，几乎已成为各个行业的标配，甚至是新的行业战场。淘宝站内的残酷竞争也从未停止过，最直观的便是竞价推广的PPC（Pay Per Click，单次点击成本）逐年上涨，广告费用随之水涨船高。

重视淘宝搜索规则，不仅可以使店铺数据以及宝贝质量更加"健康"，也可以为店铺和宝贝带来更多的平台自然流量，从而减少付费广告的投入，广告费用占比便可以不断下降。

4.2　淘宝搜索规则原理解读

淘宝搜索规则不是毫无章法的推荐逻辑，而是有章可循的计算机推荐算法。只要摸清搜索算法的影响因子模型，就基本掌握了淘宝搜索规则的基本原理。一代代淘宝

人不断摸索总结，现今淘宝搜索算法的影响因子基本被熟知：淘宝搜索综合各项影响因子，根据影响因子的权重及得分最终得出宝贝的搜索排名位置。各项影响因子可归类为五大基本模型，下文将展开详细介绍。

4.2.1　淘宝搜索规则基本模型

当我们在手淘搜索时，手淘展示宝贝的排名顺序有两个维度：综合排序和销量排序。综合排序就是我们讨论的淘宝搜索规则（根据宝贝的综合指标进行排名），而销量排序则是以宝贝销量（30天确认收货人数）直接排序。

综合排序是结合店铺及商品质量等因素对宝贝进行综合排名。影响综合排序的五大模型如图4.2.1所示，模型筛选顺序及权重得分自下往上排布。例如在淘宝搜索某关键词时，系统先筛选满足第一模型的宝贝，接着筛选第二模型，依次逐步筛选，在每一步筛选中系统都会根据宝贝的权重得分进行排序。

图4.2.1　淘宝搜索规则五大基本模型

1.　类目模型

类目模型是淘宝搜索算法中比较基础的，当买家搜索触发展现时，系统首先会检索符合买家需求的类目宝贝，与此同时进入下一个模型的检索匹配。例如买家在搜索"鼠标"时，系统只会展现鼠标产品，而不会展现服装类的宝贝，所以卖家在发布宝贝时千万不可发布到错误的类目下，否则宝贝永远不会被准确展现。

2.　降权模型

降权模型，是指因涉嫌售卖假货、虚假交易、滥发信息等导致店铺被屏蔽或宝贝被降权的情况。店铺被屏蔽的情况下，店铺内的全部商品无法参与搜索展现，严重影响了宝贝的展现量。宝贝被降权的情况下，仍然可以被搜索和交易，但搜索排名会靠后。一旦出现宝贝被降权的情况，可以选择删除宝贝再重新发布或者等待降权周期结束（一般降权周期为30天左右）。

3．宝贝模型

宝贝模型，是指宝贝的匹配度与宝贝人气相结合的数据模型。卖家发布宝贝时需填写宝贝标题、主图、详情页及宝贝属性等内容，这些内容将用于匹配买家搜索的需求。系统根据买家搜索的关键词及买家的偏好标签，从宝贝池中筛选最适合的宝贝进行展示推荐。宝贝的人气与宝贝的销量、收藏率、转化率等数据相关，销量高或转化率高的宝贝，其搜索排名更靠前。

4．服务模型

服务模型，是指综合店铺动态DSR评分、旺旺在线时间、发货速度、退货纠纷率、好评率、是否参加消费者保护协议等指标的数据模型。店铺服务数据高于行业平均值的店铺更容易获得系统的推荐，店铺或者宝贝的搜索排名自然就更靠前一些。

5．卖家模型

卖家模型，是指淘宝搜索规则中考核店铺规模或者品牌知名度的情形。一般情况下，天猫商城的宝贝的展现排名比淘宝店铺的宝贝更靠前一些，品牌知名度高的宝贝的展现排名比品牌知名度低的宝贝更靠前一些。

4.2.2　淘宝搜索权重核心因素分析

上文我们介绍了淘宝搜索的基本模型，每一个数据模型都由不同的数据指标综合而成。这里我们主要介绍影响基本模型的重要指标，它们也是研究淘宝搜索排名规则的核心所在。

1．关键词人气

根据淘宝搜索的基本模型，有人将综合搜索的影响因素简化成一个公式：综合搜索=关键词人气权重+店铺权重+宝贝权重+其他加权项，这里的权重即排序得分。公式里的第一个核心权重便是关键词人气权重，指的是买家通过某个关键词搜索到宝贝后的一系列数据指标，如转化率、收藏率、加购率、访问时长、访问深度，等等。如果宝贝通过某个关键词获得展现后有高于其他竞品的人气转化率，则宝贝拥有该关键词的高权重展现，系统会分配更多相关关键词的流量曝光。这也是行业内"刷单"的惯用手段，针对某个关键词或者多个关键词维护宝贝的人气权重，从而获得更多的平台自然流量。

2. 主图点击率

宝贝主图的优化，是淘宝搜索中最容易忽视的一个环节。其实搜索点击率与主图点击率密切相关：搜索点击率=搜索展现数×主图点击率。从公式中我们可以看出，在搜索展现数不变的情况下，要获得更高的搜索点击率，必须提高主图点击率，从而获得更多的点击访客。

3. 销量与收货人数

宝贝的销量直接反映宝贝的市场接受度，高销量高转化说明宝贝可以成为市场爆款，这也是销量权重在淘宝搜索中占有重要地位的原因，即使现在淘宝搜索规则逐步添加其他影响因素，也不能影响销量权重的核心地位。宝贝销量一般指7天销量与30天销量两种维度。与宝贝销量相似的另一个核心因素是宝贝30天确认收货人数，这也是淘宝搜索展现中"销量排序"的数据标准。

4. 坑产与UV价值

淘宝搜索规则添加宝贝坑产与UV价值权重，是淘宝为了提高客单价及平台价值所做的进一步调整，也是近两年不少卖家重点关注的宝贝指标。坑产，顾名思义就是坑位产值，指一个宝贝位置能产生的总销售额，而UV价值则是单位流量的销售额，两者有一定的相关性，可用公式表达为：

（1）坑产=总销售额=UV价值×访客数

（2）UV价值=总销售额÷访客数=（访客数×转化率×客单价）÷访客数

从公式中我们可以看出，坑产和UV价值皆与转化率以及客单价相关，因此在维护宝贝坑产及UV价值时需兼顾宝贝人气提升及客单价的提高，才可以最大化地提升宝贝搜索权重。

5. 宝贝上下架时间

淘宝为了使流量分配更加合理，保证中小卖家的宝贝也有展现的机会，在搜索规则中加入了宝贝上下架时间权重维度。宝贝从发布时开始计算，以7天为一个周期进行自动上下架，越接近下架时间，宝贝的搜索权重越高。

在运营店铺的过程中，我们可以将店铺所有宝贝的上下架时间平均分开，保证每天都有宝贝自动上架、下架，给店铺带来更大的展现权重，可以使用店长工具分别调整全店所有宝贝的上下架时间（店铺爆款宝贝上下架时间必须安排在流量高峰期）。

4.2.3 淘宝搜索需规避的降权雷区

1. 虚假交易

虚假交易，是指利用虚假订单或虚假评论等不正当方式，伪造虚假商品数据的不当利益行为，比如伪造商品销量、商品评论或累计成交金额等数据。虚假交易也就是淘宝人熟知的"刷单"操作。

虚假交易是平台重点打击的行为，尽管平台的打击力度不断提升，刷单行为却屡禁不止。在运营店铺的过程中，如果要通过刷单来提升宝贝的搜索权重，需在关注宝贝搜索权重提升效果的同时保证规避平台的处罚，否则因刷单导致店铺被扣分或宝贝被降权就得不偿失了。"刷单"的作用主要有三个：基础销量破零、宝贝权重维护、直通车权重维护。如果店铺能做好客户运营，可以通过奖励老客户回购来完成这三个任务，从而规避虚假交易的雷区。

被系统判定为虚假交易主要有以下几种处罚措施：账户权限管控、违规商品或信息处置、扣分（一般违规及严重违规）、公示警告。

2. 偷换宝贝

偷换宝贝，是指将拥有较高销量和评价的宝贝链接改为其他品牌、款式、型号等的相关产品进行销售的行为。一般情况是，当爆款链接出现产品换季或者断货无法继续销售时，卖家不舍得宝贝原有的销量基础，就会"铤而走险"更换新宝贝。另一种偷换宝贝的情况是新链接通过AB单（买A发B）累积销量，从而起到快速起量的效果，这种偷换宝贝的行为是有意为之的操作。

对于偷换宝贝的行为，情节较轻时，系统会给予宝贝降权处罚直至宝贝整改完成；情节严重时，系统会直接删除宝贝甚至限制店铺发布商品权限。

3. 错放类目与错填属性

淘宝搜索的第一模型是类目模型，是因为"万能的"淘宝平台产品繁多，必须通过类目管理产品，例如手机类产品归属到3C类目，男士休闲裤类产品归属到男装类目。类目的划分使买家更容易找到自己心仪的产品。

错放类目除了无法被系统推荐展示之外，还有可能在付费推广时被平台处罚。因为有些类目是不允许付费推广的，例如新车/二手车类目不允许投放直通车。如果将其发布到汽车配件类目则可以付费推广，但这种行为被平台发现便会受到处罚。

错填属性，是指发布宝贝时宝贝属性选错或填错，例如衣服的款式、面料、成分含量等。发布宝贝时务必选择正确的属性，否则买家通过搜索进入宝贝页面后发现不是自己想要的产品，宝贝转化率也会降低。

4. SKU信息作假

SKU即Stock Keeping Unit，指库存计量单位，如件、包、盒或者个等。例如某店铺出售运动鞋，其尺码标记为38、39、40、41、42、43，每个尺码则算一个SKU。

SKU信息作假，是指利用SKU设置过低或不真实的一口价。通过该操作使宝贝排序靠前（如价格排序）将会受到平台处罚。

5. 关键词不匹配

关键词不匹配，主要指的是使用与宝贝不相符的属性关键词，例如一些小类目产品，由于搜索量不高，有的卖家会添加其他毫不相关的关键词到标题中，或者在需收取运费的宝贝标题中加入"包邮"二字，这些情况都属于关键词不匹配的行为，一旦被淘宝系统发现便会被降权甚至删除宝贝。

6. 外链广告

外链广告，是指在宝贝详情页中或在与客户沟通过程中发布外部网站的链接或二维码，特别是其他竞争平台的链接广告。外链广告一旦被淘宝平台发现，将会受到平台处罚。

4.3　淘宝搜索优化路径

淘宝搜索的优化其实就是依据五大基本模型的数据进行优化。其中，类目模型要求宝贝上架时必须选择正确类目且属性完整无误，这有利于系统匹配以分配流量；降权模型要求商家必须遵守淘宝规则，否则将受到屏蔽或降权的处罚；服务模型及卖家模型要求商家做好售前、售中、售后服务，才能获得平台更多的流量扶持。除此之外，日常优化中效果最明显的是宝贝模型，需要针对宝贝的关键词人气、坑产与UV价值、主图点击率及上下架时间进行优化。

4.3.1　优秀的宝贝标题等于成功的一半

随着淘宝搜索系统的不断完善，目前与搜索排序相关的因素有上百种，但与买家搜索关键词最为密切相关的仍然是宝贝标题。宝贝标题优秀与否，决定了宝贝初始流量的起跑线高度。一个好的宝贝标题是由多个关键词组合而成的，因此要起一个好的标题，我们需要先知道从何处获取关键词，以及如何将关键词组合成优秀的标题。

1. 从何处获取关键词

关键词的来源主要有以下四个渠道：

（1）生意参谋工具：生意参谋市场洞察工具可以查询行业热搜词、长尾词及核心词等，也可以根据搜索分析功能查询某关键词的趋势概况、相关分析及类目构成。通过此方式可以找到核心关键词、主题词、长尾词以及修饰词，如图4.3.1所示。

图4.3.1　生意参谋市场洞察工具

（2）淘宝搜索框下拉词：在淘宝网首页或者淘宝App搜索关键词时，搜索框会出现相关的下拉词，如图4.3.2所示，可以由此选择合适的长尾词进行直通车推广。

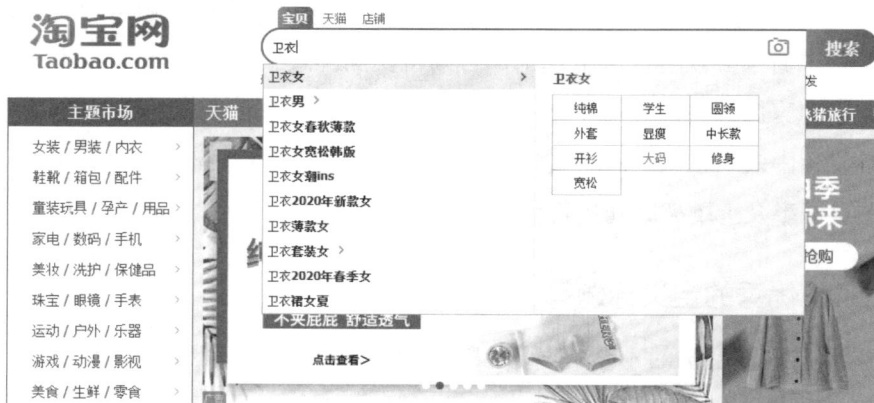

图4.3.2　淘宝搜索框下拉词

（3）直通车Top 20万关键词词表：直通车关键词词典是基于淘宝/天猫直通车操作需求，汇集全平台全类目最新搜索关键词（每周三更新一次），提供海量关键词给卖家选择使用的页面。其下载地址为：https://alimarket.taobao.com/markets/alimama/zhitongchecibiao，关键词词典的页面如图4.3.3所示。

图4.3.3 直通车关键词词典页面

（4）爆款竞品标题参考：通过搜索类目大词找到同行爆款的竞品，参考销量靠前的链接标题是如何组合关键词的，再结合自己宝贝的属性及卖点修改自己的宝贝标题。爆款竞品销量靠前说明其宝贝权重相对较高，标题优化也做得比较好，可以参考借鉴。

2. 如何将关键词组合成优秀的标题

一般可将关键词分为三种类型：核心词、属性修饰词、营销词。核心词是指品类名称，如西裤、连衣裙、鸭舌帽、钱包等。属性修饰词是指宝贝本身的属性词，如白色、黑色、长袖、男款等。营销词是指卖点词，如××年新款、正品、清仓特卖、特价、秒杀等。

如何将关键词进行有效组合，可参考以下公式：

标题公式=营销词+核心词+属性修饰词+核心长尾词

在组合、排序关键词时需遵循紧密优先原则、通顺原则、可拆分原则、不重复不浪费原则。

（1）紧密优先原则：指搜索指数高的核心长尾词不可拆分。

（2）通顺原则：指关键词组合之后朗读起来不拗口，方便买家看标题时获取信息。

（3）可拆分原则：指关键词与关键词之间独立可拆分，因为淘宝搜索系统将宝贝标题拆分成多个关键词进行识别，我们在组合关键词时切忌将系统的单个关键词进行拆分，否则将无法获得系统匹配流量。

（4）不重复不浪费原则：不重复是指标题中单个关键词不必重复出现，没有额外加权的作用。不浪费是指标题中不可出现空格或标点符号等字符，这类字符都没有搜索权重，只会浪费标题可使用字符数。

在多个关键词之间选择时，可通过【生意参谋】—【市场洞察】—【搜索分析】对比各关键词的搜索指数、点击指数以及转化率等指标，如图4.3.4所示。摘取各关键词搜索人气、点击率、支付转化率等指标后汇总到表格中，按多项排序进行选择。

图4.3.4　生意参谋关键词搜索分析功能

4.3.2　高点击率的宝贝主图引爆流量

前文提到，宝贝主图点击率的高低，决定了在同样展现指数情况下店铺的点击访客流量。如此重要的宝贝主图，我们在优化时应该注意哪些问题呢？主要有以下三点：

1.　主图短期内不可频繁更换

每次完成商品编辑都是更新宝贝的操作，操作本身对搜索排序不会有影响，但有可能因主图和详情页内容的更替导致商品的转化率下降，或者出现商品描述不符、主图存在违规等情况导致宝贝流量下降，一般在更换主图时都需经测图合格后才可以正式更换主图。

2.　主图不可有"牛皮癣"，多张主图中需有白底图

牛皮癣图片，是指在主图上添加过多文字或水印且面积超过主图1/5的图片。淘宝官方明确指出，牛皮癣图片在搜索展现中权重极低。在其他数据指标相同的情况

下，牛皮癣主图的搜索排名一定更靠后一些，因此万万不可使用牛皮癣图片作为宝贝主图。

多张主图中必须有白底图，因为淘宝系统会获取转化数据优秀的宝贝并将其展现到更多买家的手淘首页中。一般展现的渠道有"有好货""每日好店""猜你喜欢"等手淘频道。系统在推荐展现时只抓取白底主图，如果宝贝的多张主图中没有白底图，则该宝贝不可能获得系统的推荐展现机会。

3. 测图得出最佳点击率的主图

测图测款是商家推广新品时必须完成的步骤。测款主要是针对非标品的类目产品，如果是标品类目产品，可以直接进入测图环节。测图一般使用直通车工具，一款新品刚上架时可同时设计几张主图并利用直通车测试得出点击率最高的图片，并以此图作为宝贝主图。数据化测图才可以真正对比不同主图之间的点击率差异，切不可凭主观判断得出哪张主图点击率最高。

4.4 淘宝搜索常见问题及解答

1. 为什么我的店铺没有流量？

店铺运营本质上就是流量运营，没有流量则其他工作无从谈起。刚开店的商家会遇到店铺没有流量的问题，该问题的核心在于如何获取平台流量。新开店的商家应多关注新品的销售破零以及全店的持续动销。对于平台而言，能产生动销和业绩的店铺才有扶持的意义。除了新品的销量破零之外，新店铺还可以加入可提升搜索权重的平台协议，如消费者保障协议、公益宝贝、运费险协议等，这些协议都可以提升店铺权重及宝贝权重，从而更容易获得流量。另外，新店铺也可以尝试通过平台付费推广为店铺带来流量，如果付费推广能产生足够的销售额则无须担心推广费亏损。

简而言之，为了获取流量，在保持店铺持续动销的同时，应多维度增加引入店铺流量的可能性，能获得平台扶持加权的渠道都可以尝试。

2. 店铺流量有哪些渠道来源？

根据生意参谋的流量分类，店铺流量来源可分为一级流量来源和二级流量来源。一级流量来源主要指淘内免费、付费流量、自主访问、大促会场及其他来源等，如图4.4.1所示；二级流量来源主要指手淘搜索、直通车、我的淘宝等。

一级流量走向

■ 淘内免费　■ 付费流量　■ 自主访问　■ 大促会场　■ 其它来源　■ 站外投放　■ 淘外APP　■ 淘外网站

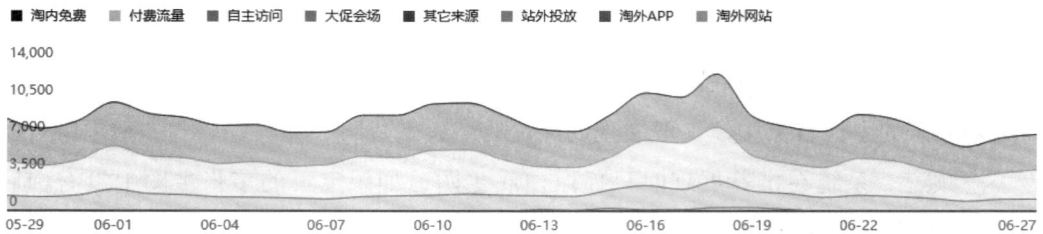

图4.4.1　店铺一级流量来源

　　业内商家在沟通交流时也是以此分类作为依据，但通常会将淘内免费细分为搜索流量及推荐流量，因此店铺流量结构主要分为搜索流量、推荐流量、付费流量以及自主访问流量四种，其对应的二级流量分别如下：

　　（1）搜索流量：买家通过PC端或移动端搜索关键词进入宝贝或店铺的流量。

　　（2）推荐流量：猜你喜欢、有好货、每日必买清单、相似宝贝、其他店铺详情等个性化流量。

　　（3）付费流量：直通车、超级钻展、超级推荐、淘宝客或其他付费内容营销等。

　　（4）自主访问流量：购物车、收藏夹、优惠卡券、已买到的宝贝等入口。

扫码立领

☆网店经营流程实战手册
☆主流平台运营模式解析
☆增长策略小讲堂

第5章

直通车：精准流量撬出一个个爆款

本章导读

直通车，与钻石展位、超级推荐、淘宝客并称"推广四大工具"，其地位可见一斑。直通车可以实现店铺及宝贝的精准推广引流，业内流传的"黑搜技术"便是通过配合直通车的精准流量推广，打造出无数个惊艳的爆款。本章将介绍直通车的推广原理与展示位、如何制定直通车推广计划以及日常直通车推广小技巧，希望能让各位读者重新认识直通车。

5.1 "开车"前的思想准备

有人可能会简单地认为直通车仅仅是交给平台的"保护费",开直通车是为了心安理得地做一些违规操作,实际上这是一个错误的想法。因违规操作导致链接被降权甚至被关店的案例比比皆是,有计划性、有目的性地开直通车才是正确的做法。对于平台而言,直通车将流量资源分配合理化,也将流量价值最大化(竞价获取流量)。相对地,商家也必须将流量价值最大化(流量转化价值),从而实现平台与商家共赢的结果。

在淘宝、天猫高速发展的这些年中,直通车也从最初的小工具发展成为多功能、多玩法的立体式推广平台,如多方式的站内站外推广方式(标准推广、定向推广、销量明星等)、强大的流量解析功能,以及人群标签透视功能。直通车操作人员的水平要求也从入门小白升级为经验丰富的"车手",当然这不是说入门小白再也无法操作直通车,小白只需经过系统化的知识培训学习以及实操演练,就可以掌握直通车的常规玩法和操作技能,这部分内容我们会在后续章节里着重讨论和分析。

5.1.1 如何开通直通车

直通车是为淘宝、天猫商家定制的搜索推广工具,通过对关键词进行竞价排名,获取更多的展现机会和更好的人群流量。直通车竞价推广有两个特点:一是主动搜索才会展现;二是展示免费,买家点击才付费(可自由设置日消费限额、投放时间、投放地域,有效控制花销)。

我们可以通过点击【卖家中心】—【营销中心】—【我要推广】—【淘宝/天猫直通车】—【即刻提升】进入【直通车管理后台】来开通直通车,开通入口如图5.1.1所示。

图5.1.1　直通车管理后台入口

5.1.2 直通车的扣费原理

直通车有多种推广形式，且都按点击进行计费，即只有当买家点击了商家的推广创意后才进行扣费。例如买家搜索某一个关键词，商家设置了该关键词对应的宝贝在直通车的展示位上推广，当买家点击了商家推广的宝贝时才会进行扣费，扣费小于或等于商家的关键词出价。扣费公式如下：

实际扣费=下一位的出价×下一位的质量得分÷商家的质量得分+0.01

从上述公式中可以看出，质量得分将影响商家的最终扣费。质量得分越高，商家所需付出的费用就越低。实际情况举例如下（质量得分在后台显示时已对小数部分进行四舍五入取整）。

表5.1.1 直通车关键词出价与实际扣费对比表

卖家	关键词	出价（元）	质量分（原始得分）	质量分（标准化处理后得分）	综合得分	综合排名	最终扣费（元）
A	家居服	0.68	1350	10	92355	1	0.62
B	家居服	0.75	1223	10	85666	2	0.7
C	家居服	0.9	1008	9	79887	3	0.8
D	家居服	1.2	600	8	72300	4	1.2

5.1.3 开通直通车推广的必要性

基于目前直通车强大的精准推广功能和数据分析功能，开通直通车推广有以下三个方面的优势：

1. 随时测款

直通车是目前最好的测图测款工具，可以快速测出新品的市场接受度以及主图点击率的高低。

2. 带动销量

引流成本足够低时，直通车成交可以直接盈利，是绝佳的引爆销量的神器。

3. 带动搜索

直通车关键词推广计划配合淘宝搜索排名规则，可以有效带动宝贝自然搜索流量，从而拓展更多平台优质流量，带动店铺销量提高。

5.2　直通车的推广位及辅助工具介绍

基于买家主动搜索及直通车的多种推广方式，直通车的展示位较多，有PC端展示位和手机端展示位之分。每一种推广方式都有固定的展示方式，卖家可以根据自己的营销需求选择最适合自己的推广方式，并选择合适的推广位置。

与直通车强大的精准引流功能相匹配的还有其强大的辅助功能，如流量解析、智能出价以及流量智选等。在直通车的引流功能不断增强的同时，智能化操作也在不断地完善。利用直通车辅助功能可以分析关键词的行业付费竞争情况，也可以智能获取更多的精准推广流量。

5.2.1　直通车推广展示位介绍

直通车推广展示位有如下位置：

1.　宝贝推广展示位

（1）PC端：淘宝网搜索页面左侧，提示"掌柜热卖"的展示位（左侧首位有1个展示位），页面右侧有16个竖向展示位，页面底部横向有5个展示位，即每页展示22个宝贝，搜索页面逐页往后翻，展示位以此类推，如图5.2.1、图5.2.2、图5.2.3所示。

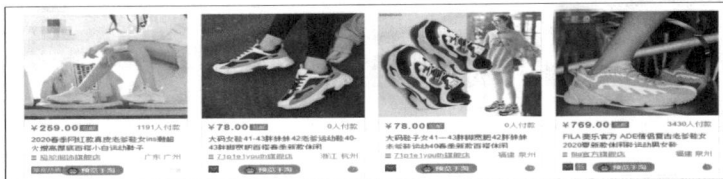

图5.2.1　直通车PC端左侧展示位

图5.2.2　直通车PC端右侧展示位

图5.2.3 直通车PC端底部展示位

（2）手机淘宝端：搜索结果中，宝贝图片左上角带有"HOT"字样的即为直通车推广宝贝，如图5.2.4所示。

图5.2.4 直通车手机端带"HOT"字样展示位

2. 定向推广展示位

定向推广展示位主要有"旺旺买家版每日焦点—热卖""已买到的宝贝—物流详情页""我的淘宝—收藏列表页"等。

3. 销量明星展示位

销量明星展示位是手淘搜索页中按销量排序的第1位和第11位，如图5.2.5所示。

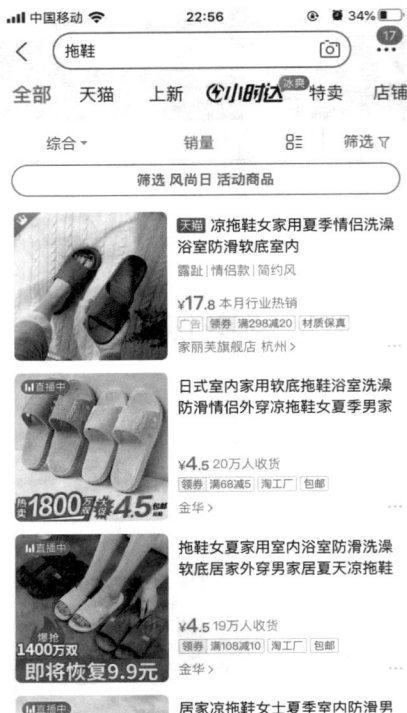

图5.2.5　直通车销量明星展示位

4.　活动展示位

淘宝网各频道页面活动。

5.　淘宝站外展示位

淘宝站外展示位主要有淘客搜索页面爱淘宝（http://ai.taobao.com）和淘宝热卖页面的搜索结果推广展位。

5.2.2　直通车的推广计划类型

直通车的宝贝推广计划类型分为标准推广（含智能推广）、定向推广、销量明星三种，每种类型的应用场景及用途都有所区别。

1.　标准推广（含智能推广）

标准推广为综合排序搜索竞价，商家设置的关键词和买家搜索的关键词相匹配即有机会获得展现。从日限额到出价，从人群到创意，所有的信息均可以自行设定。

2.　定向推广

定向推广是根据买家的浏览购买习惯和对应的网页内容，由系统自动匹配出相关度较高的宝贝，并结合出价和宝贝推广带来的买家反馈信息进行展现。出价高、买家反馈信息好的宝贝，定向推广展现的概率更大。

3.　销量明星

销量明星针对手淘搜索销量排序进行商业广告卡位的推广方式，帮助商家获得确定性位置流量。通过销量明星推广的宝贝将会展示在销量排序搜索结果下的固定坑位的第1位和第11位。

5.2.3　强大的直通车辅助工具介绍

直通车作为一款强大的引流推广工具，同时也为商家提供了强大的系列辅助工具，如流量解析、流量智选、智能出价、抢位助手及其他功能。每一个工具的巧妙利用都可以带来非凡的作用。

1.　流量解析

流量解析可用于洞悉产品的市场数据，可以通过查询一段历史时期内关键词或类目在直通车的各类市场数据，获得推广参考等。

（1）市场数据趋势

通过输入关键词搜索可以查询该关键词的流量解析，包括该关键词的市场数据趋势、人群画像分析、竞争流量透视。

市场数据趋势可以查看该关键词的展现指数、点击指数及市场均价等指标，查询的时间周期包括过去1天、过去7天、过去14天、过去30天、过去1年、过去13个月，如图5.2.6所示。

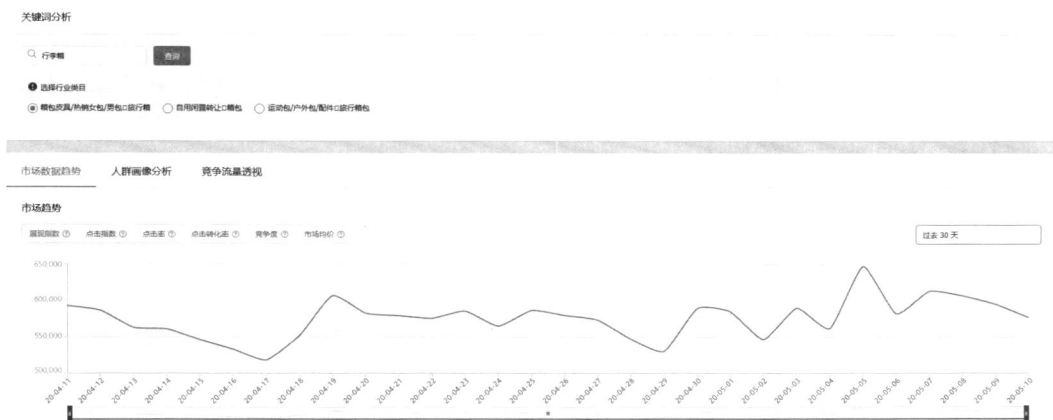

图5.2.6　流量解析：关键词的市场数据趋势

　　人群画像分析可以查看搜索该关键词的人群基础属性，如搜索人群的性别、年龄、消费层级、关联购买类目等内容，统计的时间周期为过去7天，如图5.2.7所示。

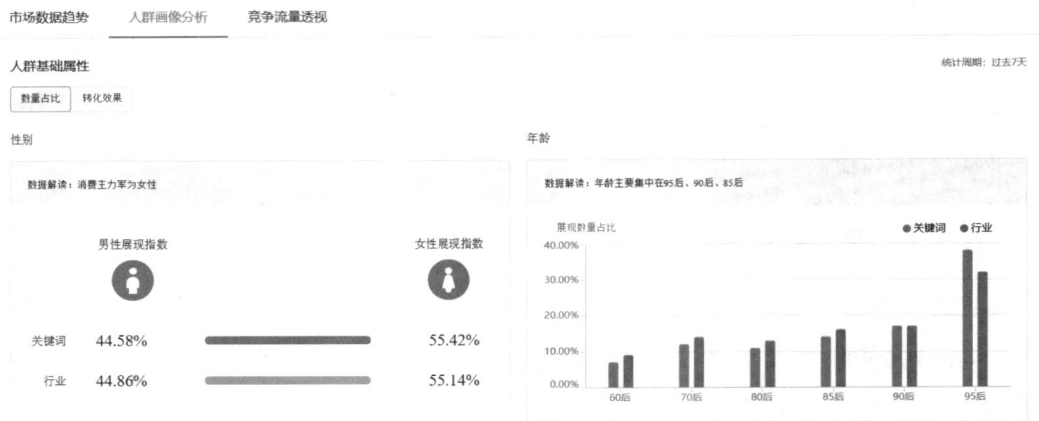

图5.2.7　流量解析：关键词的人群画像分析

　　竞争流量透视可以查看搜索该关键词的地域分布、设备分布、搜索时段分布、竞争透视（关键词的平均出价，包含分时折扣、人群溢价等溢价因子之后的最终出价）。查询的时间周期为过去7天及过去14天，如图5.2.8所示。

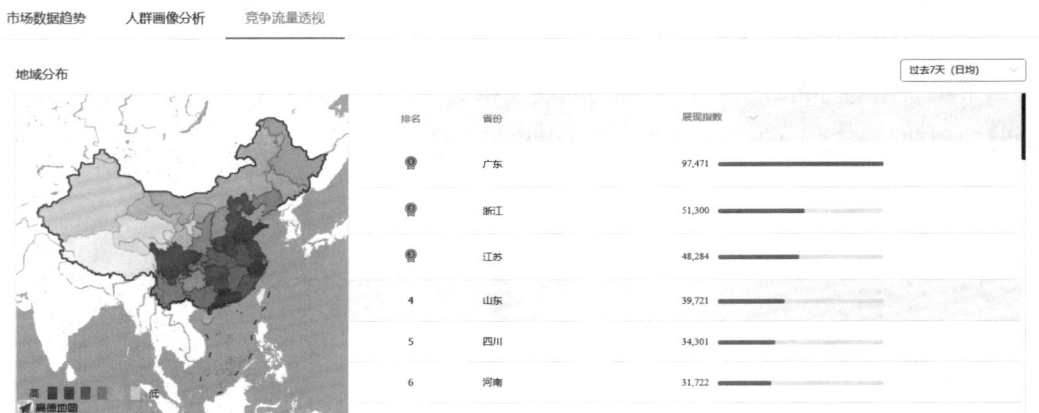

图5.2.8　流量解析：关键词的竞争流量透视

（2）相关搜索词推荐

　　通过输入关键词搜索可以查询该关键词的相关搜索词，查看相关搜索词的展现指数、点击指数、点击率、点击转化率、市场均价等指标，如图5.2.9所示。

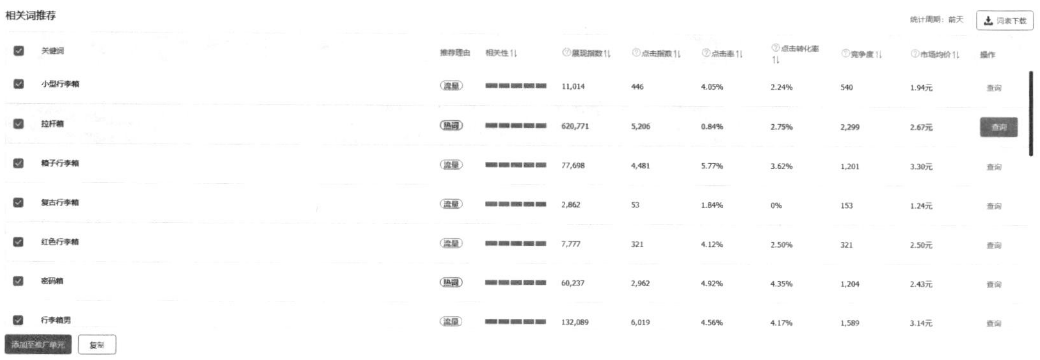

图5.2.9 流量解析：关键词的相关词推荐

（3）行业趋势词排行

通过输入关键词搜索可以查询该关键词的行业趋势词，包括该关键词的行业热搜词、飙升词、新词排名等，如图5.2.10所示。

图5.2.10 流量解析：行业趋势词

2. 流量智选

流量智选工具可以智能地动态选词、买词，根据商家选择的流量购买策略，为推广宝贝智能购买未触及的优质精准流量。

流量智选可以针对计算机端及移动端进行单独出价，也可以通过选词策略设置进行智能选词偏好的设置。选词偏好设置的选择维度包括品牌热搜词、品牌长尾词、类目热搜词、类目长尾词、产品热搜词、产品长尾词等，如图5.2.11、图5.2.12所示。

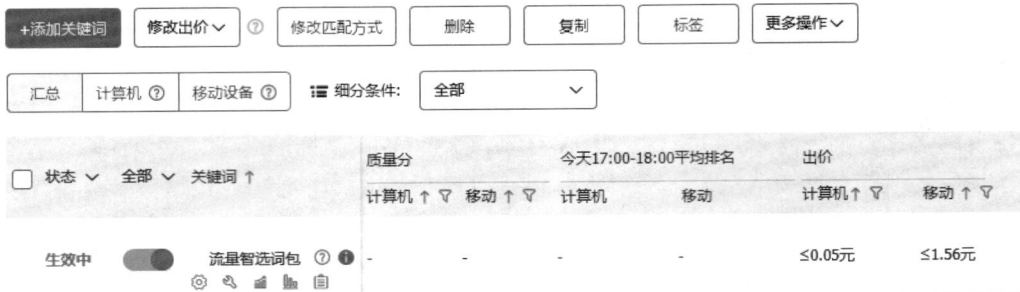

图5.2.11　流量智选：出价设置

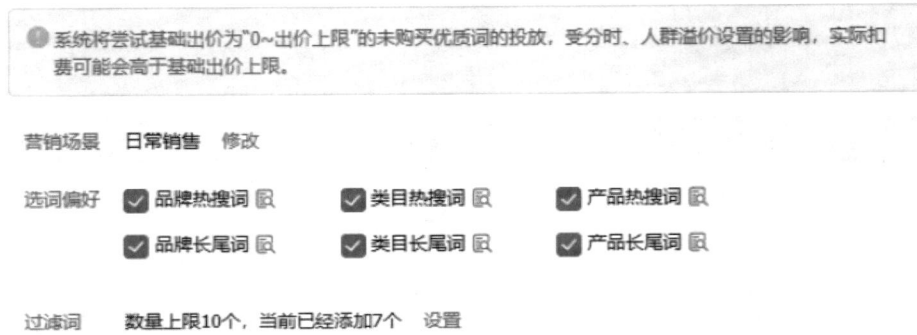

图5.2.12　流量智选：选词策略设置

3. 智能出价

智能出价工具可以根据商家的出价目标，针对不同质量的流量进行动态溢价。开启智能出价后，系统将自动提高高质量流量的溢价，自动降低低质量流量的溢价。

智能出价可以设置三种目标出价方式：促进点击、促进收藏加购、促进成交。除此之外，还需设置溢价比例，一般设置为30%～100%之间，如图5.2.13所示。

4. 抢位助手

抢位助手工具可以自动调整关键词出价，

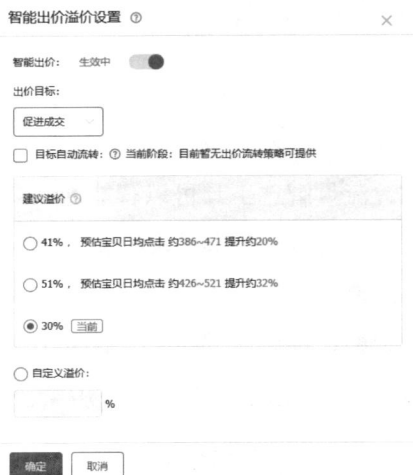

图5.2.13　智能出价：目标及溢价比例设置

帮助商家进行某个关键词的实时抢位并稳定宝贝排名，即使抢位不成功，也能获得较前位置。

抢位助手可以选择具体的关键词及溢价比例进行抢位，期望排名位置可以选择推广位置的第1位至第10位，如图5.2.14所示。

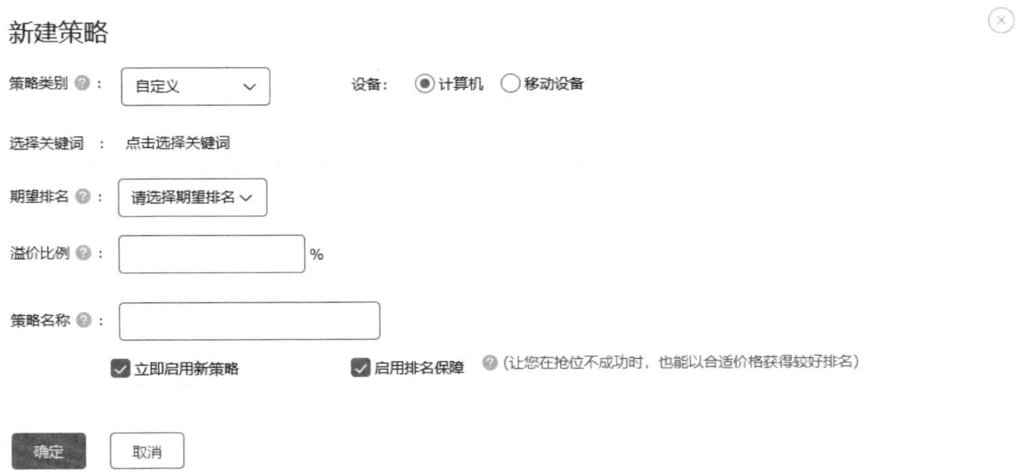

图5.2.14　抢位助手：期望排名位置设置

5.3　直通车推广完整操作流程演示

直通车推广流程包括计划的建立与设置、宝贝的选择，以及推广关键词、人群、创意的设置。推广优化也是基于"计划""宝贝""关键词""投放人群""创意"这五项内容进行的。

直通车的精准引流核心在于对流量的精准把控，商家只需通过对平台、地域、时间、投放人群以及搜索关键词的层层筛选，便能将宝贝推送到精准客户面前。流量筛选并不难，难的是如何辨认哪些是最适合的流量，这也是直通车推广计划需要不断优化的原因。通过推广一段时间后数据的积累，便可以总结出不同精准流量的转化效果，因此直通车操盘手需要不断根据转化数据调整推广计划，使推广计划越跑越顺。

5.3.1　推广计划的建立与设置

进入直通车推广页面，选择"新建推广计划"选项即可进入计划设置页面，如图

5.3.1所示。计划设置内容主要包括以下几项：

图5.3.1　推广计划的建立与设置

1. 设置推广方式

推广方式包括智能推广和标准推广两种方式。

智能推广，即智能托管计划的功能，推广计划简单进行设置后即可开始推广，系统根据宝贝或者关键词趋势词包即可智能匹配高品质流量。智能推广一般用于批量测试新款。

标准推广，即自主选择关键词、精选人群、创意等进行投放，满足商家各个阶段不同的营销需求。标准推广一般用于日常推广爆款或引流款。

2. 设置日限额

计划日限额的合理设置很重要，可以避免不必要的推广开销超标风险或过早下线错失优质的流量。当计划日开销达到日限额之后，推广计划即自动下线，第二日计划自动上线，也可以通过上调日限额使计划当日重新上线。

日限额投放方式分标准投放和智能化均匀投放两种。在日限额充足的情况下，二者几乎没有差别。当日限额不足时，智能化均匀投放的计划投放时间会更长一些，推广效果相对会更好一些。

3. 设置投放平台

投放平台可以选择计算机设备或移动设备，同时还需设置投放淘宝站内或站外。需注意的是，淘宝站内外的定向推广也可同时设置，如图5.3.2所示。

图5.3.2 投放平台的设置

大部分买家都是在有明确的购买意向后才开始在淘宝站内搜索浏览，所以淘宝站内流量相对于站外流量精准得多，转化率也高得多，平均开销自然也高一些。推广计划投放平台一般只选择淘宝站内投放，如果是对站外流量有需求的类目，也可以尝试投放站外流量。

定向推广是进行推荐场景营销的核心工具，可以覆盖淘内、淘外各类推荐场景资源位，但由于阿里妈妈（大数据营销平台）逐步将该功能迁移至超级推荐（超级推荐工具的介绍与使用在后续章节会提及），建立推广计划可选择不投放定向推广。

4. 设置投放地域

投放地域按省、市级进行选择，如图5.3.3所示，可以根据计划内主推的商品品类在各地区的搜索、成交、转化表现，选择希望投放的区域；区域选择得越精准，投放的效果越好。前文讲过，通过流量解析工具可以查询某关键词在不同区域的数据指标，如展现指数、转化指数等，因此在选择投放地域时可以先利用流量解析工具分析区域数据后再选择投放哪些重点区域。因运费偏高问题，推广投放区域一般较少选择偏远地区和海外地区；若是特殊类目产品，则可以单独尝试投放。

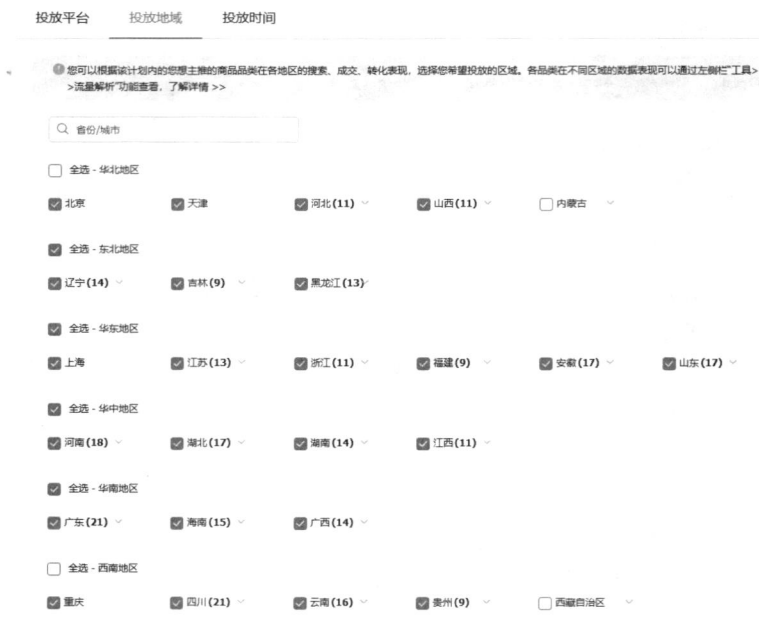

图5.3.3　投放地域的设置

5. 设置投放时间

设置投放时间，也称为设置分时折扣，可以设置一周当中每天每小时的投放出价折扣（最小的设置单位为半小时），如图5.3.4所示。由于淘宝每天的流量会有不同的高峰期，为了避免高峰期竞争不到流量，一般需要在高峰时段提高出价折扣，同时在高峰时段过后及时调整回原出价折扣，这就需要提前设置好推广计划的时间折扣模板。通过设置分时折扣，不仅可以保证获取高峰时段的流量，还可以降低流量低谷时段的推广花费。

投放时间方式一般有"全日制投放""行业模板""自定义模板"三种。

（1）全日制投放：全天全时段100％投放，对于流量高峰和低谷时段无差别投放。

（2）行业模板：直通车系统推荐的行业时间折扣模板，适合刚入门的行业新手借鉴，但店铺在运营一段时间后，建议根据店铺流量数据的情况自定义时间模板，效果会更佳。

（3）自定义模板：根据店铺的全天流量及转化情况，设置全天各时段不同的投放折扣，并设置为模板，可同时用于多个推广计划，操作方便快捷。自定义时间折扣最主要的是根据店铺流量情况设置，无须追求复杂多变的时间模板，同时需注意相邻时间段的折扣变化幅度不可过大，以免导致推广流量波动过于明显。

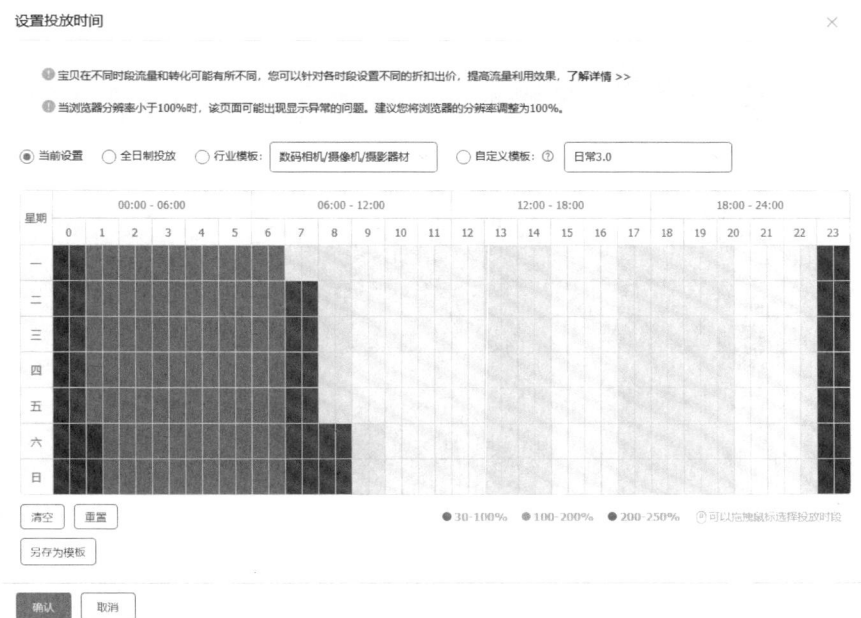

图5.3.4　投放时间的设置

5.3.2　推广宝贝的选择与设置

前文主要介绍了推广计划的基本设置，本节将介绍建立计划的下一步——选择推广的宝贝。这个步骤包括以下四个环节：

1. 选择宝贝

选择推广宝贝需注意两点：一是宝贝的标题是否已经优化好；二是宝贝是否有基础销量和评价。

一个好的宝贝标题对推广计划的权重提升是有益处的，同时也有助于让系统匹配更多相关的精准流量。宝贝的基础销量评价有助于提高宝贝的转化率，因此一般不会选择零基础销量评价的宝贝进行直通车推广，以避免不必要的推广开销。

如果没有明确的推广宝贝，系统会根据全店宝贝的历史数据预测引流或转化能力较好的宝贝（包括优选宝贝、优选流量、优选转化三种类型），我们可以参考系统的推荐进行选择，如图5.3.5所示。

图5.3.5　选择推广宝贝

2. 添加宝贝创意

添加宝贝创意时，需添加创意微视频、创意图片（必填）、创意标题（必填）、宝贝营销卖点，并选择投放平台，如图5.3.6所示。

创意微视频要求为方形视频，视频尺寸要求为800PX×800PX，大小在5MB以内。

添加创意图片时可以同时添加多张进行测图，创意图片的好坏直接通过点击率来判断。高点击率的创意图可以在同等流量的情况下吸引更多的点击访客，从而给宝贝带来更多的转化成交。与此同时，高点击率的创意图也可以提高推广计划中关键词的质量得分，从而提高关键词的权重，关键词的点击单价则不断降低。

多张创意图片在推广展现过程中有两种展现模式：一是优选模式，二是轮播模式。一般前期测图时采用轮播模式，对比不同创意的实际点击率；后期计划稳定后采用优选模式，由系统根据历史分配效果进行流量分配，可将点击率最大化，有利于推广计划的不断优化。

图5.3.6 添加推广宝贝创意

3. 添加推广人群

直通车计划可以添加多种人群，添加时既可以自定义组合人群，也可以参考系统推荐人群，如图5.3.7所示。其中，自定义组合人群包括宝贝定向人群、店铺定向人群、行业定向人群、基础属性人群和达摩盘人群。

（1）宝贝定向人群：系统结合宝贝的相关特征和属性，智能挖掘出对宝贝感兴趣的人群标签。宝贝定向人群分为"喜欢相似宝贝人群"与"喜欢店铺宝贝人群"两种。

（2）店铺定向人群：系统结合店铺的特征属性，以及曾在店铺或同类店铺产生过浏览/收藏/加购/消费行为的一类人群标签，另外还有"店铺长期价值人群"以及"智能拉新人群"等。

（3）行业定向人群：基于用户的历史浏览/收藏/加购/消费行为，系统挖掘的近期在某行业上可能会有较大购买意图的人群。

（4）基础属性人群：主要从人群客单价、性别、年龄、月消费额度等属性对人群进行划分并推荐，通常需要组合不同基础属性人群进行测试后再集中溢价。

（5）达摩盘人群：基于用户特征标签，多维度进行标签交集、并集组合圈定最适合投放展示的精准人群。

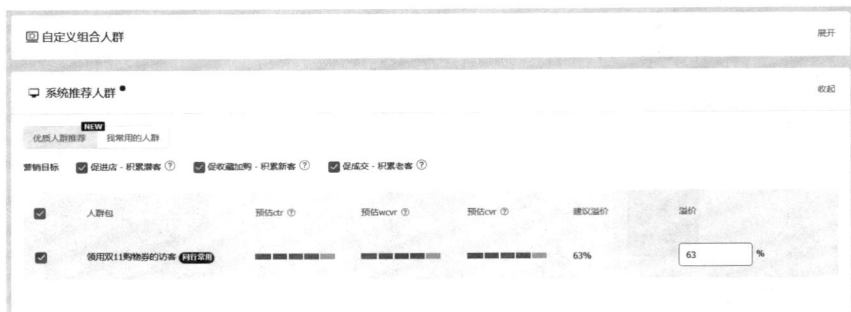

图5.3.7　添加直通车推广人群

4. 设置关键词及出价

关键词是店铺引流的关键，其精准度直接影响店铺流量的精准度，进而影响店铺的转化情况。添加计划的关键词时可以参考系统推荐的关键词，分为潜力词、热搜词、质优词等类型（如图5.3.8所示），也可通过筛选相关性、展现指数、点击率、市场平均出价等指标选定关键词。为了保证质量分，前期建议选择相关性较好且点击率较高的关键词。与此同时，关键词的匹配方式可以选择"精准匹配"或"广泛匹配"。通常情况下，精准匹配方式下的流量更精准，但展现量会小一些；广泛匹配方式的展现量大，但会引入不精准的匹配词。

图5.3.8　添加系统推荐关键词

关键词需分别对计算机端及移动端出价。由于移动端的流量已经大大超过了计算机端的流量，所以关键词的出价主要针对移动端出价以便获取更多的流量。如果是适合计算机端竞价的产品，也可以对计算机端出高价以获取流量。

5.3.3　销量明星计划的建立与设置

销量明星是阿里妈妈在2019年推出的针对淘宝销量排序卡位竞价的推广产品，如图5.3.9所示。通过销量明星推广竞价的产品可展示在淘宝销量排序页面的第1位和第11位。

图5.3.9 直通车销量明星工具

建立销量明星计划与标准计划一样，需设置计划的日限额、投放地域、投放时间，以及选择宝贝与宝贝创意；其与标准计划不一样的地方在于关键词的出价展示位置不同，如图5.3.10所示，销量明星计划只需针对首位及第11位进行出价即可。

图5.3.10 销量明星出价竞争首位

销量明星区别于目前淘宝综合搜索的千人千面机制，可以帮助商家快速获取销量排序页面的关键位置，精准触达对销量排序敏感的买家客户，产品在此营销场景下的转化率往往有出乎意料的结果。

5.3.4 推广计划日常优化流程

推广计划日常优化的主要内容是推广创意及进行关键词的调整。这两者的优化调整都是以数据为准，切忌以主观判断为准。

推广创意的优化标准主要依据创意的点击率，若创意的点击率不够，则需多测试新的创意图。前文有提到，测图时可采用创意轮播模式，后期则可改为创意优选模式。

　　关键词的优化方法主要参考点击、转化数据。在关键词排名较靠前时，点击低、转化高的关键词可尝试先加价，进一步增加展现；点击低、无转化的关键词可考虑直接删除；点击高、转化低的关键词可适当降价，观察转化情况；点击高、转化也高的关键词可参考投产情况继续加价或微调出价。关键词的整体优化流程如图5.3.11所示。

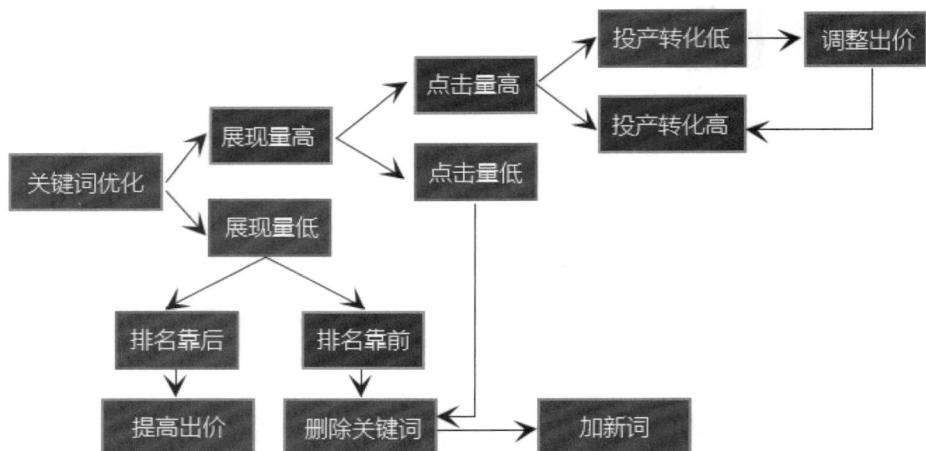

图5.3.11　直通车关键词优化流程图

5.4　直通车推广小技巧

5.4.1　如何快速优化直通车质量分

　　质量得分是搜索推广中衡量关键词、宝贝推广信息和淘宝网用户搜索意向三者之间相关性的综合性指标，以十分制的形式来呈现，分值越高，可以获得越理想的推广效果。一般选择关键词时的初始质量得分必须在6分以上，并在推广过程中不断优化至10分。

1.　关键词质量得分有哪些影响因素

　　直通车质量得分分为PC端质量得分（计算机质量分）和无线端质量得分（移动质量分），两者互不影响，各自取决于相应的渠道投放效果。质量得分的影响因素主要有创意质量、相关性、买家体验三个方面，如图5.4.1和图5.4.2所示。

计算机质量分 **8** 分 (1-10)

创意质量　■■■■■ ⑦
相关性　　■■■■■ ⑦
买家体验　■■■■■ ⑦

🥧 亲，目前暂无数据~

图5.4.1　计算机质量分影响因素

移动质量分 **8** 分 (1-10)

创意质量　■■■■■ ⑦
相关性　　■■■■■ ⑦
买家体验　■■■■■ ⑦

展示机会　📱 首屏展示机会 ⑦

图5.4.2　移动质量分影响因素

（1）创意质量：以关键词创意的点击率为依据得出的动态得分。

（2）相关性：以关键词与宝贝类目、宝贝属性、宝贝本身信息等的相关程度得出的动态得分，包括品牌、宝贝标题、类目等内容。品牌相关性，是指关键词与宝贝的品牌信息的关联度，如果A品牌宝贝使用B品牌关键词则相关性会很弱；标题相关性，是指关键词与标题内容的关联度；类目相关性，是指关键词与宝贝二级类目的关联度，如果产品上架到错误的类目，则选择关键词时的初始质量分会非常低。

（3）买家体验：以买家在店铺的购物体验及直通车账户推广效果得出的动态得分，包含直通车收藏、加购、转化、关联销售数据以及店铺DSR动态评分、客服回复速度等购物体验因素。

2. 如何快速优化关键词质量得分

了解关键词质量得分影响因素后，我们应该如何快速优化关键词质量得分呢？通常有以下五个方法：

（1）最高化关键词初始得分：质量得分同时会参考直通车账户计划近期相关关键词的投放效果，因而在选择宝贝时可选择行业热搜或处于上升期的宝贝，有利于快速优化关键词质量得分。如果是新投放的宝贝，可以选择将宝贝放入投放效果较好的计划当中，也有利于提高关键词的初始质量得分。

（2）关键词匹配方式选为精准匹配：采用广泛匹配方式投放时，除计划设置的关键词之外，系统会自动匹配与关键词相关的其他相关词，因此该投放方式会使关键词获得更多的展现与点击，但点击率偏低。相反地，将匹配方式选为精准匹配有利于提高关键词点击率，从而能有更高的质量得分。

（3）不断优化创意图片：创意图片必须简洁，充分凸显宝贝的特色、功能、细节，创意上的文案内容可突出与标题不同的宝贝卖点，从各个方面提升创意的点击率。

（4）优化详情页提升关键词的转化率：关键词的转化率提升可通过优化详情页的引导流程，吸引买家收藏加购或者直接购买，或者是关联销售下单成交。转化率的提升与否可直接影响关键词质量得分的高低。

（5）设置精准人群及投放地区：通过对店铺优质人群或目标人群（通过筛选性别、年龄、购买兴趣等标签设置2～3级目标人群）设置溢价出价比例，并圈定集中投放地区的方式，可以在短时间内提升关键词的点击率及转化率，待快速提升关键词质量得分后再逐步放大投放人群及投放地区。

5.4.2　大促活动直通车的推广策略

平台大促活动期间使用直通车时，整体计划的关键词点击单价会明显提高，这是因为整个市场都在提升关键词出价，每个商家都希望能获得更多的活动流量。一般在大促活动期间，直通车的推广策略相较于日常要有所调整。

1.　活动开始前

大促预热期间，直通车的转化率会明显下降，整体ROI（Return on Investment，投入产出比）相较于日常会更低，大部分买家都在收藏加购，这段时间衡量直通车的投入产出比还需关注收藏加购数量。活动预热期间，直通车应逐步加入对活动大促敏感人群的投放，直通车创意也可以加入引导买家收藏加购的元素，为活动期间引入更多收藏加购流量。另外还可以在预热期间适当添加类目大词，因为在活动期间，类目大词将会获取更多的展现流量。

2.　活动进行中

在活动期间，直通车的点击单价会明显提高。为了保证获得充足的活动流量，活动期间整体直通车计划的关键词出价可以按竞价情况提高一些。如果是计划较多或者关键词较多的情况，可以利用时间折扣模板统一提高关键词出价。

3.　活动结束后

一般大促结束后，平台会接着安排返场活动，大促活动价持续狂欢，我们也可以视自身情况安排店内返场活动。这种情况下，我们需加大直通车对大促期间收藏加购人群的投放。该类人群错过或来不及在活动期间付款成交，若能在活动返场期间针对他们投放活动优惠，则转化率会明显提高。

5.5　直通车常见问题及解答

1.　直通车应该如何选择关键词？

前文提到了关键词的选词来源渠道，从各个渠道获得较多相关的关键词后，还需进一步筛选合适的关键词。筛选关键词时必须满足三个特质：符合买家搜索习惯、热门搜索关键词、精准属性关键词。

（1）符合买家搜索习惯：符合买家角度、搜索习惯的关键词，如"ins风卫衣""老爹鞋"等。

（2）热门搜索关键词：符合我们推广宝贝的核心词或搜索量最大的词，如"连衣裙""衬衫"等。

（3）精准属性关键词：精准长尾词能充分描述宝贝属性，满足买家购物需求，如"休闲裤夏季爆款黑色"。

如果推广预算充足，可直接加4～5个大词（市场展现指数高的词）以及20个以上的长尾词进行推广，先优化关键词的点击率及转化率来优化推广计划，从而给宝贝带来更多的精准流量。

如果推广预算有限，可优先添加10个以内的精准长尾词，关键词匹配方式选为"精准匹配"，以提高关键词的点击率。先优化长尾词的权重及质量分，之后再逐步添加大词，给宝贝带来增量的精准流量。

2.　为什么计划消耗超过日限额？

直通车系统是按时间段统计的，所以费用是一段时间内的消耗。如果出现计划消耗超过日限额的情况，系统最终会根据计划设定的日限额在当日24点进行返还。

例如，计划设置的日限额为1000元，当计划消耗为1000.5元时计划会自动下线。如果未及时调整计划日限额，当日计划不会再上线，系统也会在当日24点结算时返还0.5元至直通车账户。如果计划下线后及时上调计划日限额，则推广计划会重新上线。

3.　直通车一直亏，应不应该停掉呢？

很多人在使用直通车推广产品时，直通车的ROI并不高，而且大部分人在只算直通车成交订单的情况下都是亏损的，除非是利润率很高的产品才可以直接从直通车销售中产生利润，这也让人开始思考：是否有必要继续开通直通车推广？答案是肯定的，衡量直通车的意义不仅仅在于ROI是否能盈利，更在于直通车带来的其他意义。

熟悉直通车的人都听过一个说法，就是直通车能带动宝贝的自然搜索。这个说法的依据在哪里呢？首先，直通车的核心在于对精准流量的把控。通过限定地域、人群、关键词等要素层层筛选后的流量是非常精准的，有利于提升宝贝的关键词人气及转化率，从而提升宝贝的搜索权重。其次，直通车可以帮助我们抢占比自然搜索更靠前的宝贝位置。越靠前的位置，展现指数及转化率会越高，宝贝的销量便可以更快地累积，进一步提升宝贝的搜索权重。由此看来，直通车推广确实能带动宝贝的自然搜索。

在衡量是否继续开直通车推广时，可以先核算宝贝的整体利润，看用直通车推广成交的金额加上其他渠道成交的金额，除去各项成本费用后能否有利润。如果整体利润核算后能有盈利，则直通车需继续保持或加大推广；如果整体利润核算后盈亏平衡或亏损，则应调整降低直通车推广费用，从其他渠道为宝贝引入流量，逐步降低宝贝推广费用，从而产生盈利。

4. 如何使用直通车直播推广？

直播推广是直通车最新的推广形式，也是一种全新推广落地页形式。当卖家在搜索结果页点击由"直播推广"所展示的直播广告或直播看点后，将引导消费者至直播间（或直播回放片段）。

直播推广的创意载体是宝贝的直播看点，因此新建直播推广计划时需选择直播间及推广时间方式（始终推广或直播结束时推广结束），如图5.5.1所示。

图5.5.1　直播推广计划的建立与设置

直播推广需选择设置的是推广宝贝及溢价比例，如图5.5.2所示。直播溢价比例，是指直播时段设置的单独溢价，仅作用于直播推广投放生效的时间段，对推广宝贝所有关键词有效。直播溢价，与分时折扣、人群溢价、智能出价等其他溢价因素叠加生效。

图5.5.2　直播推广溢价比例设置

第6章 钻石展位

本章导读

钻石展位作为目前淘宝商家的四大付费推广工具之一，是淘宝网图片类广告位竞价投放的平台，其优势是利用大数据，以精准定向为核心，锁定卖家所需要的目标人群，并以广告创意进行投放，从而达成营销目的。本章将从什么是钻石展位、手把手教你创建钻石展位、如何分析钻石展位报表这几方面进行介绍，并解答与钻石展位相关的一些常见问题。

6.1 钻石展位的基本概念

6.1.1 什么是钻石展位

钻石展位，简称钻展，是面向全网精准流量实时竞价的展示推广平台，支持按展现收费和按点击收费，以精准定向为核心，为商家提供创意策略、效果监测、数据分析等一站式全网推广投放解决方案，帮助商家实现更高效、更精准的全网数字营销。

通俗来说，钻展就是通过投放广告图片，吸引消费者点击广告、进入店铺浏览商品的一种营销推广工具。

如果说直通车是被动展现，是"人找物"（消费者有购物需求时，通过搜索结果列表页选择商品，从而下单购买，实现转化），那么钻展则是主动展现，是"物找人"（钻展通过在各大广告位主动展现，以广告吸引消费者点击进入店铺浏览选购商品，从而下单，实现转化）。对于购物意图不高的消费者来说，除非碰巧这个商品是刚需或者广告的内容足以吸引他点击进店浏览，否则通过钻展成交的可能性会相对较小。

当然，对于老客户复购率高、粉丝黏性相对较强的店铺而言，投放钻展是一个不错的选择。但是对于开通直通车和超级推荐引流成本高的商家，则需要根据店铺的商品特征，并结合用户需求，考虑是否适合投放钻展。

在这里需要提醒各位读者，并不是所有的类目都适合开通钻展。对于客单价低或成本利润低的商家，不建议投放钻展，原因是钻展整体的点击成本相对较高。不过，投放钻展与否，还需从类目的流量、人群、产品的复购率、用户的需求等多个维度进行综合考量。

6.1.2 钻展的广告位有哪些

一般来说，钻展的资源位又称为广告位或展现位。但在新版钻展中，"资源位""达摩盘""营销拍档"这类导航栏的Tab都已下线，而旧版的钻展后台界面暂时没有任何改动。

图6.1.1　旧版钻展资源位位置

图6.1.2 新版钻展资源位位置

新版钻展资源位需要在"创建推广计划"的界面中才能看到，但整个资源位界面变得更加简洁，且分别有投放方式、广告位置、媒体类型三个维度供商家自行选择。

钻展的资源位可分为"站内资源位"和"站外资源位"。

站内资源位，是指淘宝网内部所有可以投放的广告位，目前有竖版钻展位、无线焦点图（之后会下线）、PC焦点图、PC精选、PC首页通栏。具体投放的资源位展示位置可以点击图6.1.3中右边方框圈选的图示进行查看。

图6.1.3 钻展站内资源位投放展示位置

站外资源位，是指与淘宝网有合作，同时具备投放广告位的外部网站。目前站外资源位可投放的平台有手机浏览器App、无线新闻阅读App、微博、优酷、支付宝蚂蚁庄园、高德地图等。具体资源位展示位置可通过点击图6.1.4右侧圈选位置查看。

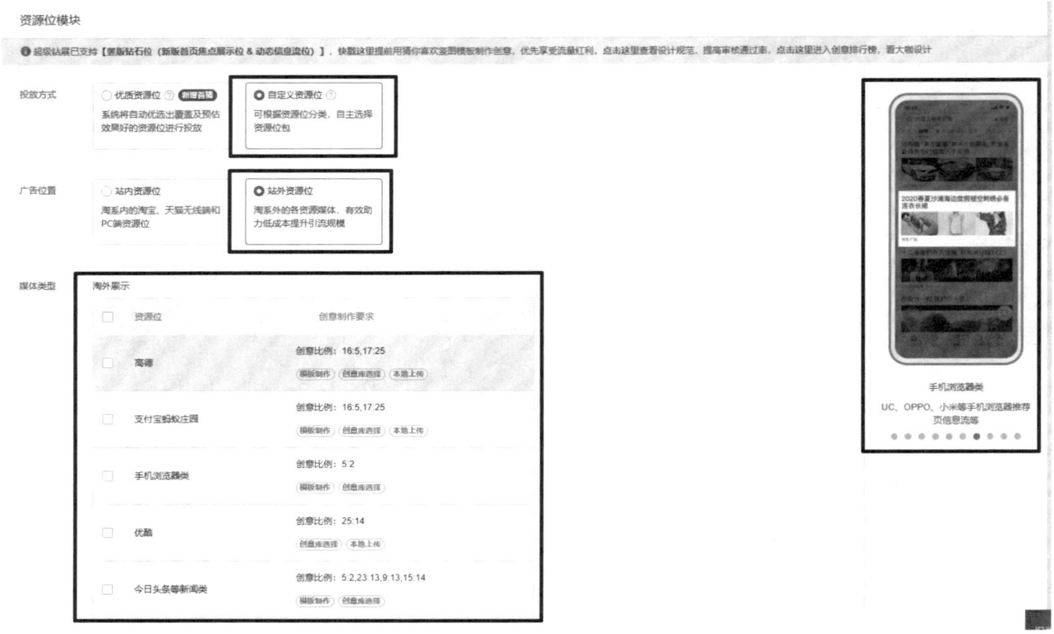

图6.1.4 钻展站外资源位投放展示位置

由于智能化逐渐普及，钻展资源位在投放方式中新增了"优质资源位"这一选项。优质资源位，是指系统根据商家设置的营销目的为基点，优选出覆盖以及预估投放效果好的资源位进行投放，其中不局限于站内或站外资源位。

不过，笔者建议，商家前期还是选择自定义资源位，可以根据产品特点选择合适的资源位进行广告投放。

6.1.3 钻展的展现逻辑

钻展按照商家计划出价的高低顺序进行展现。系统会在各时间段内对商家的出价高低进行排名，出价高的商家优先展现，等出价高的商家预算消耗完之后，下一位商家再开始展现，依此类推。因此，出价是影响排名的主要因素。这与直通车的展现逻辑有点相似，不过直通车的展现逻辑还与质量分有关，而钻展则更为直接，价高者优先展现。

新版钻展中商家是以按点击收费（CPC）方式进行出价，然后由系统自动换算成按展现收费（CPM）方式进行竞价，最终以CPM的方式进行结算。

钻展获取的流量计算公式如下：

展现量=总预算÷CPM（千次展现成本）×1000

例如：预算1000元，CPM（千次展现成本）的出价是50元，那么，理论上商家能够获得的展现量为20000次。

由公式可以看出，在预算不变的前提下，千次展现成本（CPM）的出价越高，获得的展现量反而越少，因此商家需要在保证出价能展现的基础上，合理竞价。

6.1.4　钻展的扣费原理

旧版钻展支持商家自主选择按展现收费（CPM）和按点击收费（CPC）两种扣费方式，而新版钻展是由系统根据营销目的直接设置对应扣费方式，商家无法自主更改扣费方式。

1. 按展现收费（CPM）

按展现收费，简称CPM，全称Cost Per Mille，指千次展现成本。按照CPM竞价收费，即按照每千次展现收费，点击则不收费。同时，按照竞价高低进行排名，价高者优先展现。

CPM钻石展位调整出价后实时生效，因此在实际竞价中，下一名的店铺、出价都是频繁变化的，每一次展现都是根据下一名商家的出价来结算。最终扣费是多次展现的结算汇总的结果。

【举例】商家A出价20元，则当观看其广告达到1000次时，系统将收取20元。

钻展系统会自动统计商家该计划的展现次数，并在钻展后台报表中给予反馈，不满1000次的展现系统会自动折算收费。计算公式如下：

实际扣费=下一名商家的CPM结算价格+0.1

2. 按点击收费（CPC）

按点击收费，简称CPC，全称Cost Per Click，指平均点击成本。按照CPC竞价收费，即按照点击量收费，展现则不收费。在点击付费投放模式下，将"点击出价"折算成"千次展现的价格"，用折算后的CPM出价与其他商家进行竞争，价格高的优先展示。计算公式如下：

CPM=CPC×CTR×1000

CPC是商家自己在后台设置的出价，系统会参考创意的历史CTR（Click-Through-Rate，点击通过率）来计算预估CTR。如果创意是新上传的，没有历史CTR，则会先参考该商家的同行在相同定向、资源位上的平均CTR作为初始CTR；在投放过程中，用最新的CTR来修正预估CTR。

竞价成功后，将下一名商家的CPM结算价格加0.1元作为实际扣费的CPM价格，再根据上述公式换算成实际点击扣费CPC（CPC=CPM÷1000÷CTR）。

【举例】商家B设置的"点击出价"是2元，预估CTR是8%。

（1）参与竞价的CPM=CPC×CTR×1000=2×8%×1000=160（元）。

也就是说，采用点击付费模式设置的出价是2元，实际是以160元的CPM参与竞价，最后根据CPM竞价的高低进行展现排序。

（2）假设下一名商家的结算价格为124.9元，则商家B投放结算的CPM价格=124.9+0.1=125（元）。

将下一名商家的结算价格加0.1作为最后实际扣费的CPM价格。

实际扣费CPC=125÷1000÷8%≈1.56（元）

点击一次广告位，实际扣除商家B的广告费用约为1.56元，但每次CPC扣费结算的价格都不同，系统会自动汇总每次所扣取费用，然后显示在计划组"消耗数据"这一列指标中。

6.2　钻展的推广模式

起初，钻展只有全店竞价推广一种模式，之后延伸出了单品推广、内容推广、直播推广和淘外视频推广这四种不同类型的推广模式。它们都围绕着钻展的核心"主动展现和人群定向"扩展，定向圈定指定人群，通过图片展示、内容展示、视频展示将流量引入店铺。

（1）全店推广：顾名思义就是整个店铺都可以推广，店铺首页、店铺单品、店铺自定义页面、淘积木页面均可投放，推广主体相对丰富。全店推广可支持CPM和CPC两种扣费模式。

（2）单品推广：只能推广店铺内的单品页面。这里是指消费者通过点击图片，跳转到商品详情页面。单品推广目前只支持CPC一种扣费模式。

（3）内容推广：将店铺微淘内容推广到手淘微淘公域端口进行曝光展现。内容推广可支持CPM和CPC两种扣费模式。

（4）直播推广：用淘宝官方的话来说就是，无论你是商家还是达人，如果你还在为直播间的观看人数惆怅，就可以使用钻展的【直播推广】功能，实现淘宝直播间自主引流，提升直播账号私域运营能力。

（5）淘外视频推广：通过站外渠道端口进行投放。不过，淘外视频推广有一定的类目限制，具体可点击进入阿里万象的客服中心进行咨询。

目前，钻展已进入3.0时代，钻石展位更名为超级钻展。相比于钻展2.0，钻展3.0更加专一和智能化。专一，是指在产品上，钻展更注重于某一板块流量渠道的推广，并且将单品推广、内容推广、直播推广这三种推广模式逐步转移到超级推荐上。智能化，是指相较于钻展2.0，钻展3.0的人群更为精细化，场景更丰富，玩法更加多元化，而且对于小白来说，钻展3.0更加容易上手。配合大数据后台和智能算法，更多小白可以使用钻展。

由于单品推广、内容推广、直播推广这三种推广模式在钻展3.0中已被迁移到了超级推荐，而传统的全店推广计划也进行了更新优化，因此钻展3.0的整体推广模式发生了很大的变化。当然，钻展的核心——定向人群，是没有变化的。

6.3　钻展开通资质要求与管理

6.3.1　开通钻展推广须满足哪些条件

开通钻展推广须满足以下条件：

（1）淘宝网和天猫卖家店铺DSR每项必须在4.4分及以上。

（2）淘宝店铺：商家店铺信用等级必须达到一钻以上。

（3）店铺无任何淘宝或天猫严重违规行为，无任何违反禁止出售假冒商品、虚假交易相关规定的处罚记录等。

（4）店铺主营类目在支持投放的主营类目范围内（具体可通过以下网址进行查看：https://rule.alimama.com/#!/product/index?type=detail&id=402&knowledgeId=7648）。如果符合条件，报名并为账户充值300元，即可开通钻展。

6.3.2　开通达摩盘须满足哪些条件

基础商家用户开通达摩盘须满足的条件如下：

（1）准入条件："钻展+直通车+超级推荐"最近30天总消耗不少于3万元。

（2）清退条件：最近30天达摩盘没有消耗的，将收回所有权益。

注意：直通车每月消耗大于6万元才能使用人群同步功能。

6.4　手把手教你建立钻展计划

6.4.1　钻展页面介绍

钻展页面如图6.4.1所示，页面最上端为选择各类型推广模式的跳转按钮。

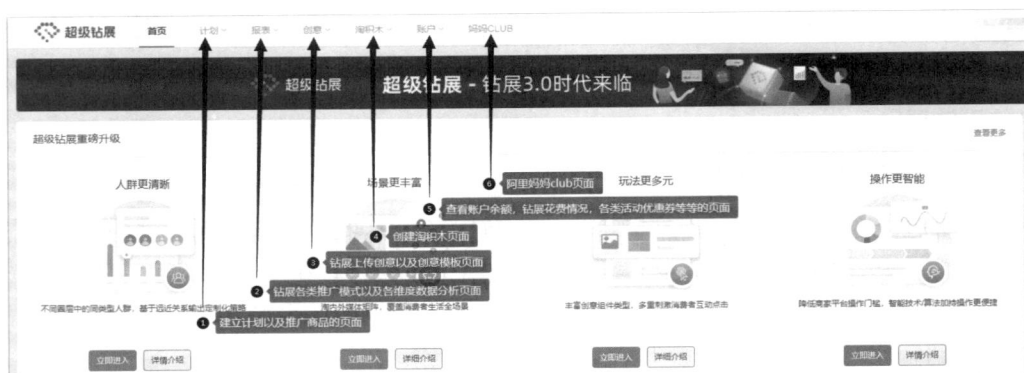

图6.4.1　钻展页面介绍

1. 计划

根据自己的需求进行功能选择，【新建计划组】可以创建计划，如图6.4.2所示。

图6.4.2　新建计划组

2. 报表

钻展的【账户整体报表】展现的是流量维度的数据，如消耗、千次展现成本、点击率、点击单价、展现量、点击量等。由于钻展的部分推广模式没有展现与转化的相关数据，【账户整体报表】对此也难以统计归并，因此所展现的数据以流量层面的数据为主。

如图6.4.3所示的是书籍/杂志/报纸类目下行业的数据情况，钻展在流量维度的推广数据可以和该类目的行业数据进行对比。

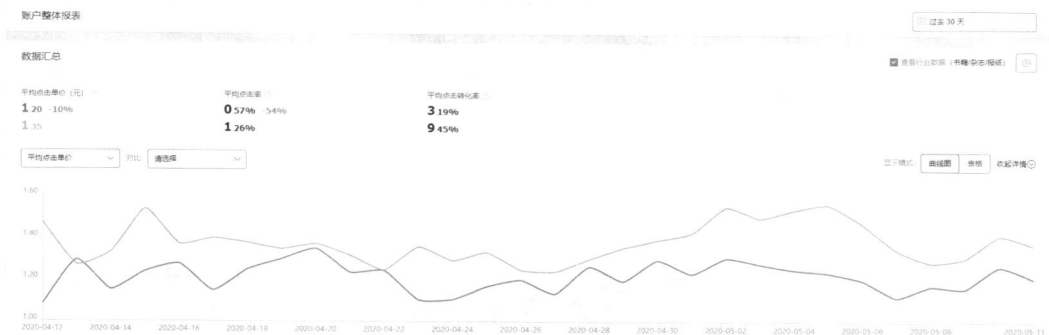

图6.4.3 账户整体报表数据汇总

钻展3.0对整体报表进行了改版，主要分为账户汇总报表、消费者圈层运营、自定义计划、高级报表四个模块，对定向人群的数据划分得更加精细了，如图6.4.4所示。

图6.4.4 报表模块

3. 创意

创意模块分为图文创意、视频创意、内容创意和直播创意，如图6.4.5所示。在参考同行的创意图片时，可以进入创意排行榜进行浏览；对于创意模板库里的模板，也可作参考。

图6.4.5　创意模块

4. 淘积木

淘积木有多元的玩法。商家可以通过淘积木自由制作页面，并将制作完成的页面进行投放。

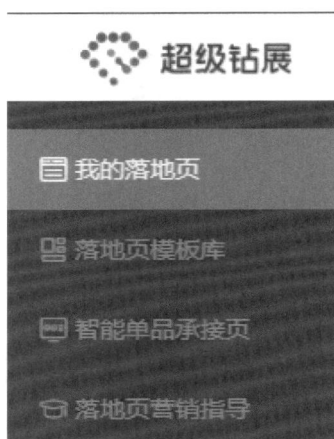

图6.4.6　淘积木模块

5．账户

账户主要是一些与店铺相关的信息，如店铺基本信息、财务报表、优惠券使用情况等。

图6.4.7 账户模块

6．妈妈CLUB

妈妈CLUB是阿里妈妈的一个服务中心，整合了阿里妈妈的各种工具资源。

6.4.2 建立钻展计划的目的

建立钻展计划的目的无非两种，一种是要流量，另一种是要转化。商家可根据自身情况进行选择。但要注意的是，钻展并不适用于所有品类的店铺，因此最终还是要对自家产品所在品类的商品情况及人群进行分析，再建立钻展计划。

6.4.3 如何选择超级钻展圈层人群

1．未知人群探索

未知人群，是指没有和自家店铺主营类目发生过互动关系的人群，相当于全新未知人群。具体而言，就是指过去30天未在店铺主营类目下发生过点击、回搜、回访、收藏、加购行为，且过去180天未在店铺主营类目下发生过购买行为的消费者。

未知人群探索，适合商品用户人群大，且强关系程度高的商家。例如：商家（某家居电器旗舰店）投放"未知人群探索"人群后，钻展定向会以算法为支撑，采集到某个用户浏览过瓷砖、沙发、灯饰的店铺，推算他可能是在装修房子，之后会将该商家的产品推荐给该用户。或者，某商家的店铺主营产品是奶粉，当其投放"未知人群探索"人群后，钻展定向会采集某类备孕的用户人群，然后将该商家的产品推荐给该用户。

2. 泛兴趣人群拉新

泛兴趣人群，是指和自己类目发生过互动关系但还没有和自己店铺发生关系的人群。具体而言，就是指过去30天在店铺主营类目下发生了点击、回搜、回访、收藏、加购行为或过去180天在店铺主营类目下发生了购买行为，且过去30天未在本店发生点击、回搜、回访、收藏、加购行为，过去180天未在本店发生购买行为的消费者。

泛兴趣人群拉新，基本适合所有商家。例如，某用户之前进入同类目下的店铺浏览过，或收藏加购下单，但从来没有进入过本店（没有和本店发生过关系），在商家投放该人群后，系统会根据算法计算，将店铺推送给合适的买家用户。

3. 兴趣人群收割

兴趣人群，是指和自己店铺发生过互动关系的人群。具体是指过去30天在店铺发生了点击、回搜、回访、收藏、加购行为，或过去180天在本店发生了购买行为的消费者。

兴趣人群收割，适合复购率较高或处于活动大促期间的商家。该人群是跟本店发生过关系的用户，一般是店铺人群基数大的才会推荐投放，并且投放的效果（这里指投产比）会比其他人群相对较好。之所以推荐店铺人群基数大的商家投放该人群，主要是因为如果店铺人群基数小，那么基本上连展现量都会很少。适用类目包括服饰、食品、母婴、美妆等。

如果从活动大促来看，一般会根据时间周期侧重投放这三类人群。例如，活动蓄水期投放未知人群，活动预热期投放泛兴趣人群，活动预热期后半段时间，降低泛兴趣人群的投放力度，加大兴趣人群的投放力度，强化刺激有意向购买人群的购买欲望。

当然，除了以上这三种人群外，还有自定义人群。而且在各类大型活动期间，超级钻展还会推出大促专属人群，并按营销目的进行智能分配。

6.4.4　如何创建钻展计划

创建钻展计划时，商家主要还是根据自身的需求进行。例如，店铺打算通过钻展引流拉新，那可用"未知人群探索"；若目标人群是和同行业其他店铺发生过互动，但从未与本店铺发生过互动的人群，可用"泛兴趣人群拉新"；若是以维护已成交或有购买意图的店铺访客为目的，可用"兴趣人群收割"。根据需求进行人群选择，对于后期人群分析也有一定作用。

以下为大家介绍创建钻展计划的具体步骤。

1. 设置计划组

商家根据商品需求选择合适的人群类型进行广告投放，新手建议选择【消费者圈层营销】中的三大类人群，而对钻展有一定了解的商家，可选择自定义人群进行广告投放，如图6.4.8所示。

图6.4.8 计划组类型选择

2. 设置计划

这一步需要设置基本信息、定向人群、资源位、预算和出价四个部分。界面展示如下：

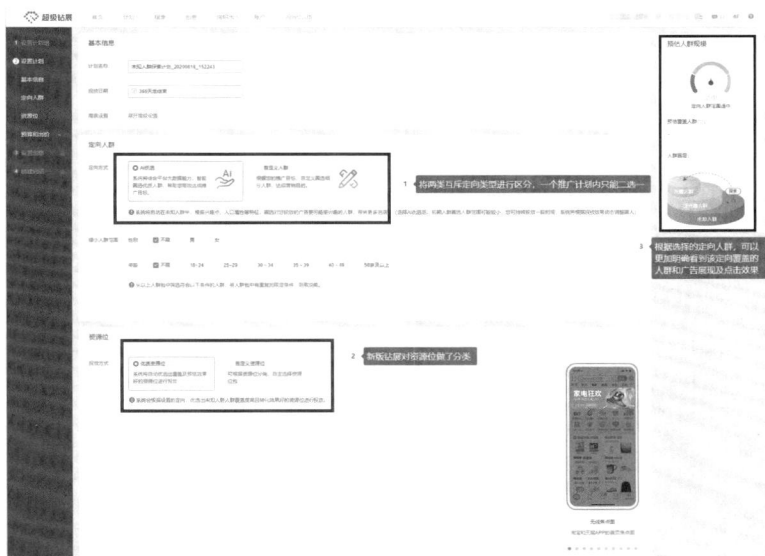

图6.4.9 计划设置界面（1）

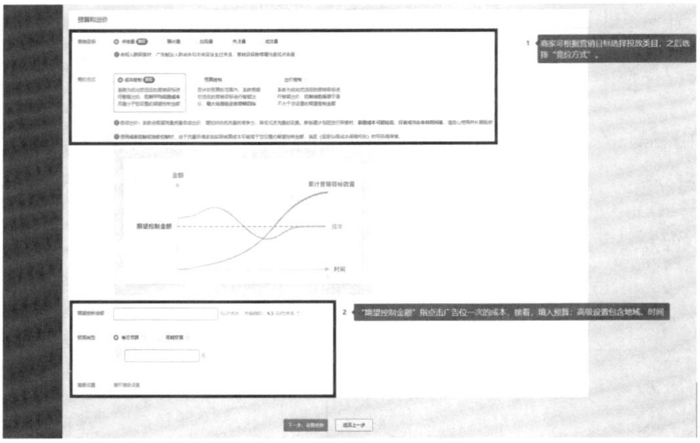

图6.4.10　计划设置界面（2）

（1）定向人群

①AI优选：系统结合平台的大数据，通过算法计算圈选出合适的优质人群，自动对这部分人群进行投放。

②常用人群：商家可手动添加系统推荐人群，如关键词兴趣人群、店铺相关人群、宝贝相关人群、小二推荐人群。

③更多人群：商家可手动添加达摩盘人群，自由组合人群。

以添加常用人群为例，在选择关键词兴趣人群时，除了【主题推荐】的人群外，商家也可以通过【自定义关键词】，自主搜索和选择兴趣点人群，如图6.4.11所示。

图6.4.11　关键词兴趣人群

在选择店铺相关人群时，系统会根据不同的人群进行数据采集并圈层，因此在"图6.4.9 计划设置界面（1）"中预估人群规模也会根据选择的人群发生变动。

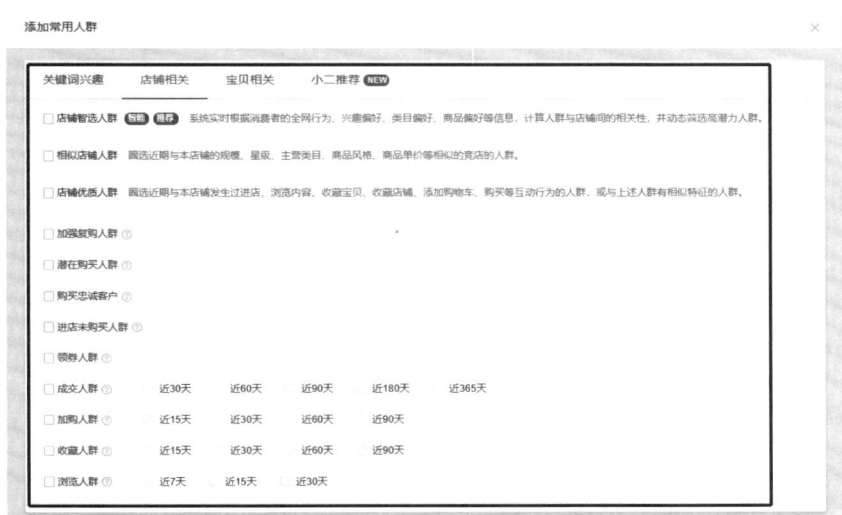

图6.4.12　店铺相关人群

除了上述两种人群，宝贝相关人群、小二推荐人群设置界面如下：

图6.4.13　宝贝相关人群

图6.4.14　小二推荐人群

创建推广计划的过程中，已选择的人群将会出现在如图6.4.15中所示位置。商家可以移除已选择的人群并重新选择，也可以继续添加，但同时也有可能出现像图6.4.15中"预估人群规模狭窄"的情况，主要是因为店铺未投放过钻展，系统无法实时预估所选定向的人群数据。

图6.4.15　计划人群设置

（2）预算和出价

若是刚投放钻展的商家，建议【营销目标】选择【点击量】，【竞价方式】选择【成本控制】，这样即可预估点击一次广告位进店的点击成本大约是多少。【预算类型】选择【每日预算】。虽然日预算最低可以设为50元，但笔者建议商家前期将日预算提高至200～300元，这主要是因为大部分类目下钻展的引流成本会比较高，若日预算设置为50元，可能会出现投放几天都没有展现量的情况或系统直接提示预算太低，无法投放。

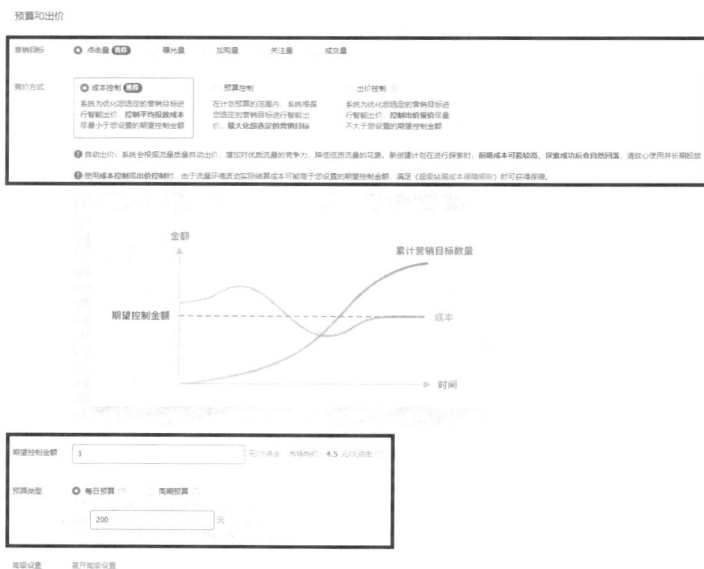

图6.4.16　预算和出价设置

注意：关于【期望控制金额】，笔者一般是以市场均价的60%出价，若没有展现量数据，再将出价慢慢往上提。

3. 设置创意

添加创意时，需区分无线端和PC端，设置界面分别如下：

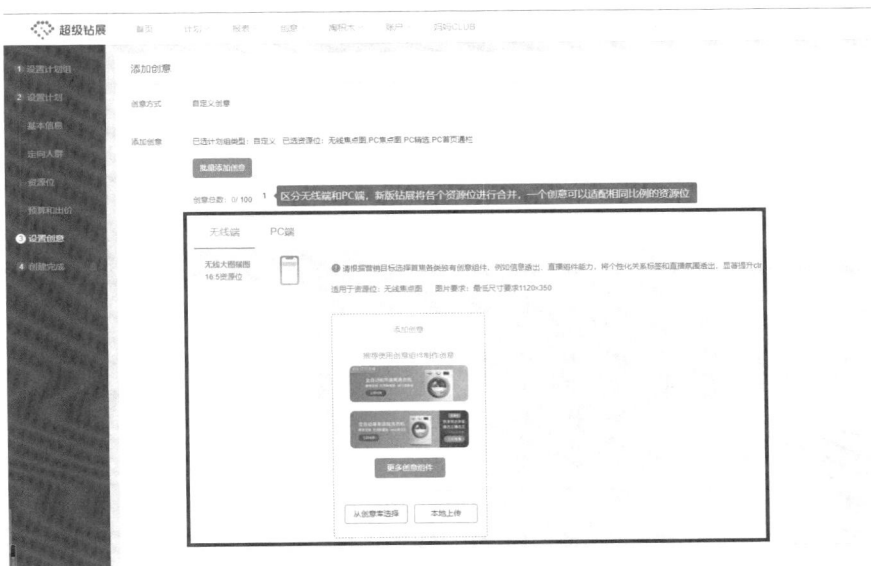

图6.4.17 添加创意（无线端）

图6.4.18 添加创意（PC端）

添加完图片之后就可以进行正常投放。

6.5　钻展报表分析

图6.5.1　报表模块

1. 账户报表

账户汇总报表主要以流量维度为主，数据明细则便于查看各广告类型的流量数据情况，看重的更多是引流成本的数据，如图6.5.2所示。

图6.5.2　账户汇总报表

账户活动报表，是大型活动期间，钻展单独开放的一种报表，开放期一般是从活动的预热期到活动的爆发期。相较于账户汇总报表而言，账户活动报表的维度更加完善。

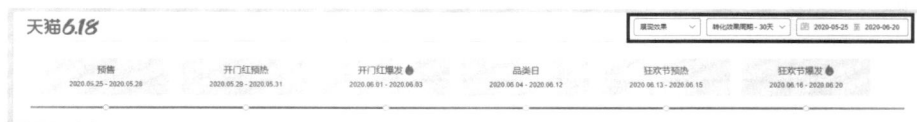

图6.5.3　账户活动报表

如图6.5.3所示，活动报表有三种可自选数据，包括展现效果与点击效果、转化效果周期、数据时间。整体来说，活动报表围绕着活动周期进行数据收集。

（1）展现效果与点击效果

钻展应该看展现效果还是点击效果？从钻展出现的初期到现在，这都是一个充满分歧的问题。

展现效果，是指看过广告图片的买家所带来的收藏、加购和转化效果。例如某个买家看到了某家店铺的创意，但是没有点击，后来他通过搜索关键词搜索该店铺的宝贝并下单，或者是他之前已加购或收藏，后来购买了，就会计入展现效果。

点击效果，是指看过并且点击过广告图片的买家所带来的收藏、加购和转化效果。

点击效果报表需要满足条件才能申请开通，其开通条件为：钻展持续投放60天，每30天消耗2万元以上的店铺可以申请点击效果数据。如商家满足条件，可在https://survey.taobao.com/apps/zhiliao/xehkbf-AE进行开通，每周五会统一开通，建议关注开通情况。

其实直到现在，还是有很多人不了解钻展有点击效果这一数据维度。了解钻展有点击效果的大部分商家，还是会以点击效果为准，毕竟点击效果是实际通过图片点击进店成交的。也有一小部分商家会以展现效果的数据作为参考值，但他们更多是为了提升品牌知名度与商品曝光度。

（2）效果转化周期

效果转化周期，是指买家在看到广告图片或点击广告图片后，在几天之内进行下单购买的行为。如效果转化周期为3天，说明买家在看到广告图片或点击广告图片后，在3天之内下单购买了店铺商品；如效果转化周期为7天，则说明买家是在7天之内下单购买了店铺商品。

以前只有3天、7天、15天这三个周期的转化数据，但近两年随着钻展的更新和提升，钻展的效果转化周期延长至30天，方便商家对一些转化周期更长的类目商品进行更为准确的数据分析。

（3）数据时间的选择

数据的时间范围可根据个人需求进行选择，最长可以选择近90天的数据。如图6.5.4所示。

图6.5.4 选择数据时间范围

2. 消费者圈层运营

关于消费者圈层运营，首先我们需要了解一下破圈效果。破圈效果主要关注初始状态为未知/泛兴趣的人群在通过投放钻展计划流转为兴趣人群后的人群规模、破圈成本及流转后主动与店铺发生的后续行为。后续行为未区分渠道，包含破圈用户在指定效果追踪周期下的全部行为数据。

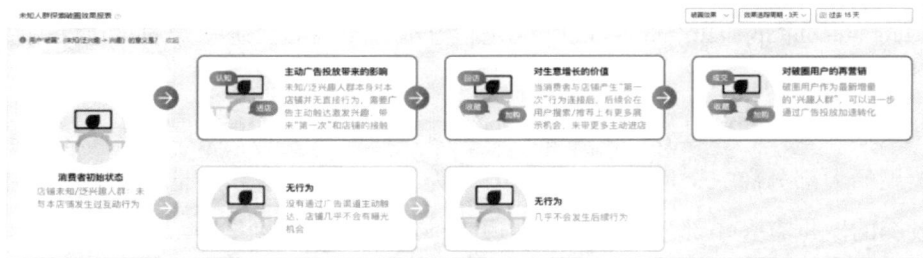

图6.5.5 用户"破圈"

通俗来说，破圈效果，是指访客从在该类目该店铺从未发生活动，到进店浏览、收藏、加购甚至下单的过程。

官方将破圈效果分成了三个层级，即浅层兴趣行为—深度兴趣行为—购买行为（如图6.5.6所示），并按层级人群划分维度数据。

图6.5.6 破圈效果概览

这里需要注意的是，投资回报率是按展现效果来计算的。计算公式如下：

投资回报率=后续支付宝总成交金额÷消耗

该公式反映了有展现或点击行为的用户，在一段时间内带来的累计投入产出比。该行为不区分渠道。

而未知人群探索、泛兴趣人群拉新、兴趣人群收割，则是根据推广类型进行分析，这部分的数据维度与钻展2.0类似。

如图6.5.7，点击"齿轮"形状，会弹出【选择数据字段】的页面。各数据字段后有个问号，将鼠标移至问号处，会有很详细的字段解释，如图6.5.8所示。数据字段并不是可以无上限添加的，最多只能选择12个字段的数据一次性进行查看。

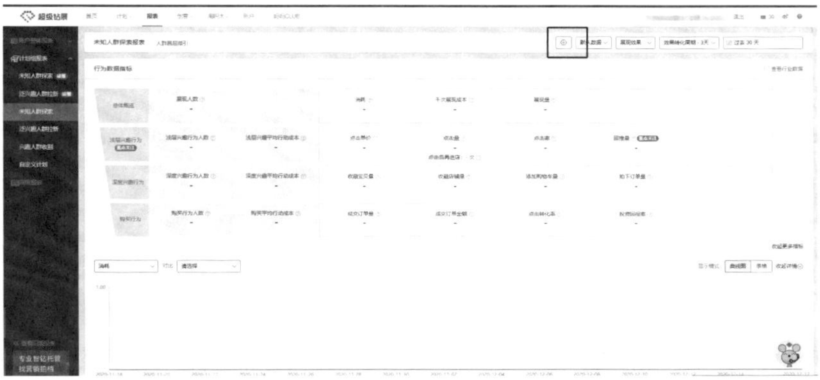

图6.5.7　点击"齿轮"形状按钮

图6.5.8　自定义报表数据字段

而自定义报表的界面也优化得更加清晰易懂，如图6.5.9所示，展示了不同行为人群的数据。

图6.5.9　自定义报表行为数据指标

3. 自定义计划

自定义计划报表，是对消费者圈层运营的数据总览，汇总所有的行为数据。区别于账户报表，自定义计划报表的指标数据更加丰富、精细。

4. 高级报表

高级报表包括受众分析和资源位分析。这两个区域是对子计划的数据分析。笔者认为，高级报表更适合投放力度大且创建人群计划组多的商家使用。对于中小商家来说，实际使用的情况并不会很多，原因有如下两个方面：一是数据量不够大，没有太大的参考价值；二是当人群计划拆分得太过精细时，会发现可圈定人群少之又少。

当然，是否使用高级报表还是需要根据类目人群的实际情况进行分析，不能一概而论。

6.6　钻展常见问题及解答

1. 为什么钻展投放后没有消耗？

若投放的定向方式是AI优选（也称智能投放），则计划需要冷启动期，一般是1～3天。另外，初期人群圈选范围可能较小，在持续投放一段时间后系统会根据投放效果动态调整圈层人群，所以在前期会出现投放计划没有消耗的情况。

2. 我刚开店，是否可以投放钻展？

笔者的建议是不投放钻展。钻展的核心是人群，而新开的店铺本身人群就很少，也没有一定的销量基础，所以投放钻展后会出现钱花不出去或投产很差的情况。当然，如果店铺的优惠力度很大，而且店铺有一定的知名度或产品有一定的人群基础，则可以尝试投放。

3. 钻展报表要看点击报表还是展现报表呢？

笔者在上文有所提及，关于要看点击报表还是展现报表因人而异，这一直是行业内一个有争论的话题。不过，大部分人还是会选择看点击报表，因为它是买家在点击图片之后才进行的下单行为。对于小商家来说，需要钻展持续投放60天，每30天消耗2万元以上才可以申请点击效果数据。

扫码立领

☆网店经营流程实战手册
☆主流平台运营模式解析
☆增长策略小讲堂

第7章

超级推荐

本章导读

近些年，随着移动互联网的发展，信息流广告逐渐成为广告投放的主流，例如微博的粉丝通、腾讯的广点通，因此淘宝也随之推出了"超级推荐"。超级推荐将猜你喜欢、微淘、直播广场、有好货等淘内的推荐类位置整合在一个产品后台中，为商家提供更简单、更高效的推荐类营销服务。本章主要概述超级推荐是什么、超级推荐的推广原理、如何设置超级推荐推广计划，以及超级推荐的推广思路和在推广时的注意事项，方便读者多方面认识超级推荐这个全新的推广工具。

7.1　超级推荐概述

随着电商普及率的不断提高，淘宝商品数量呈"爆发式"增加，商品同质化现象越发严重，消费者通过搜索找到自己满意的商品所耗费的时间成本也越来越高。淘宝近几年不断改版升级，强化淘宝首页信息流分发"猜你喜欢"，升级背后的推荐算法，并通过大数据计算分析，实时判断消费者的购物意图与消费习惯，判断目标消费者的潜在购物需求，推送消费者喜爱的商品，改变了之前以人为搜索为主的传统购物方式，实现从"人找物"到"物找人"的购物链路转变。这种依靠"猜你喜欢"来推荐的方式，越来越受到消费者的青睐。

在2018年阿里巴巴投资者大会公布的数据中，淘宝推荐场景的流量已经超过了搜索流量，那么商家的营销方式也需要从原先搜索的被动营销，转变成现在"猜你喜欢"、直播、短视频等推荐场景下的主动营销。在这种背景下，超级推荐应运而生，旨在帮助商家在推荐场景中进行主动营销，主动挖掘店铺潜在的客户。

7.1.1　什么是超级推荐

超级推荐是2018年4月阿里妈妈推出的一个推广工具，会在手淘的猜你喜欢等推荐场景中，穿插原生形式信息的推广产品。伴随着推荐场景流量的崛起，人群标签显得尤为重要，而超级推荐就是商家运营人群标签的重要工具。

超级推荐一方面可以弥补直通车不能主动触达的缺点，辅助直通车进行拉新，获取猜你喜欢等推荐场景下的流量；另一方面，它能发挥运营自身丰富的人群标签与实施人群获取的能力，部分代替钻展进行老客户和兴趣人群的及时触达和促进成交复购。

7.1.2　超级推荐的优势

1. 全场景覆盖

覆盖超过7亿用户，包括手淘核心推荐渠道：猜你喜欢（首页、购物车、收藏夹、确认收货、支付成功、订单列表等链路）、微淘、直播广场、有好货，迎合消费者"逛"的需求，引爆商家在推荐场景中的流量。

2. 多创意沟通

支持商品、图文、短视频、直播间、淘积木等多种创意形式，以更丰富的形式实现与消费者的深度沟通。

3. 阿里巴巴的数据技术驱动

超级推荐基于阿里巴巴大数据推荐算法及用户行为的实时反馈，可以通过宝贝、店铺、行业、粉丝、内容等多个维度去进行目标人群的圈选，同时也可以针对已经与店铺发生过营销关系的人群，比如店铺的老客户、浏览过店铺的人群、收藏加购的人群，进行重定向的再营销，不断拉近消费者与店铺的关系，最终实现成交与复购。

4. 多维度价值

超级推荐摆脱原有的单一成交价值体系，从消费者运营视角出发，提供消费者流转、粉丝流转价值，突出消费者生命周期总价值（LTV，Life Time Value），全面呈现推广价值，帮助客户实现品牌人群增长。

7.2 超级推荐的基础介绍

7.2.1 超级推荐后台功能介绍

打开超级推荐的后台界面，如图7.2.1所示，可以看到实时账户整体与细分推广类型的消耗情况，例如广告费消耗、展现量、点击量、点击率、千次展现成本、点击成本等数据。

图7.2.1 超级推荐后台账户整体数据

再往下是系统基于店铺、商品、行业、热点、使用热度等各类特征推荐的超级推荐机会人群，如图7.2.2所示。

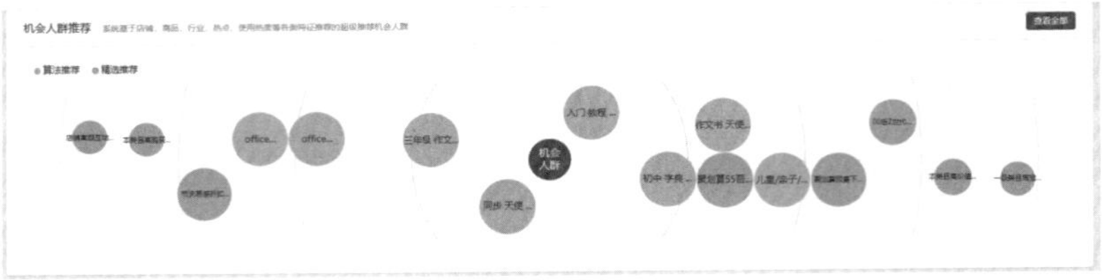

图7.2.2　超级推荐机会人群

在【机会人群推荐】下方是【超级推荐消费者流转】的数据透视，方便解读通过超级推荐渠道引导的消费者点击后的流转效率。通过观察非店铺消费者（在推广曝光前，与店铺没有任何互动曝光关系）、潜客、新客、老客之间的流转率，我们可以判断当前的人群流转效率，如图7.2.3所示。

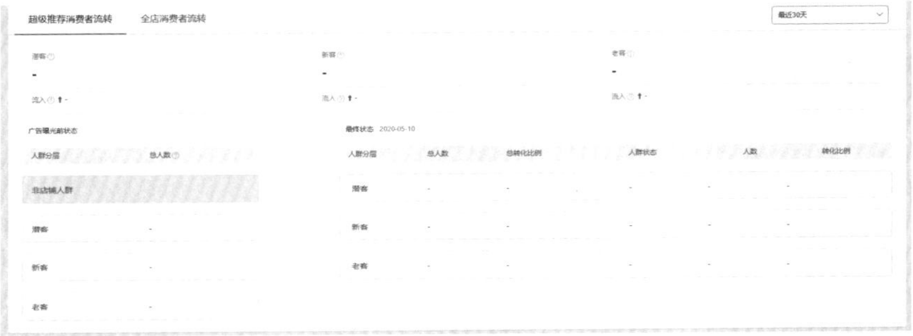

图7.2.3　超级推荐消费者流转数据

在【超级推荐消费者流转】下方还有【超级推荐粉丝流转】的数据透视，同样也是解读通过超级推荐渠道引导的消费者点击后的流转效率，不过区别在于这里是通过观察消费者作为非粉丝（在推广曝光前，与店铺没有任何互动曝光关系的消费者）到成为粉丝之前的流转率来判断当前的人群流转效率，如图7.2.4所示。

图7.2.4　超级推荐粉丝流转数据

在了解如何利用超级推荐进行推广之前，我们先来认识超级推荐的推广类型、展示位及扣费原理。

7.2.2 超级推荐的四种推广类型

目前，超级推荐有商品推广、图文/短视频推广、直播推广、活动推广四种推广类型，分别以不同形式的内容进行推广。

1. 商品推广

以商品为推广主体，包含新品获客、爆款拉新等多个智能营销场景和自定义的标准计划，按点击收费。

2. 图文/短视频推广

以图文或短视频内容为主体的营销推广，将内容推广至手淘的猜你喜欢，按点击收费。

3. 直播推广

以直播为推广主体，将直播推广至直播广场、猜你喜欢等优质资源位，按点击或展示收费。帮助直播的店铺引入流量，加快主播积累粉丝和数据的速度，以获得系统更多的权益和推荐。

4. 活动推广

在大促期间上线，以宝贝为推广主体，针对活动的不同阶段，提供特殊权益，是一种优化转化效果及引流效率的推广形式。采取这种投放方式时，系统会想方设法帮助商家扩大人群基数，因此参与活动的产品转化率会更高，能够接受更广泛的人群。如果没有官方大型活动在进行，或者有活动但店铺基础很一般，就建议不要投放。

7.2.3 超级推荐的资源位分布

超级推荐有商品、图文、直播三大推广主体，具体的展示位如下：

1. 商品推广资源位

商品推广的资源位主要分布在猜你喜欢中，其中首页猜你喜欢的第7、11、15位为展示位，而顾客购中、购后的猜你喜欢是在偶数位，如图7.2.5所示。

图7.2.5　商品推广的资源位

除此之外，菜鸟裹裹、闲鱼、天猫农场、淘宝头条文章底部、UC浏览器等也会涉及相关资源位。

2. 图文/短视频推广资源位

图文/短视频推广的核心资源位是首页猜你喜欢的第10位和微淘关注热门，如图7.2.6所示。

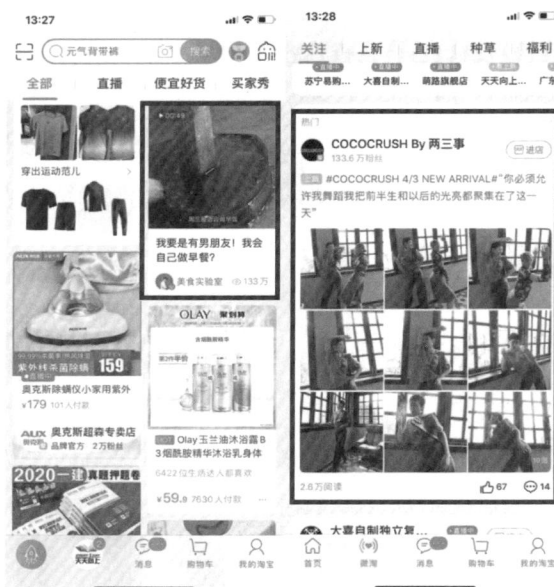

图7.2.6　图文/短视频推广的资源位

3.　直播推广

直播推广的核心资源位主要在"淘宝微淘热门资源位"和"淘宝直播精选feeds资源位"，如图7.2.7所示。

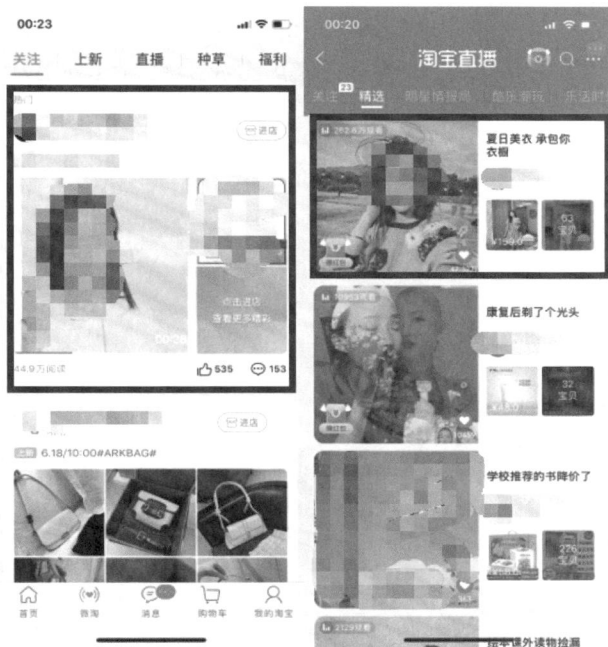

图7.2.7　直播推广的资源位

7.2.4　超级推荐的扣费原理

超级推荐的竞价原理与钻展相同。系统将各个时间段的出价按照高低进行排序，价高的优先展现，待出价最高的预算消耗完后，才轮到下一位。依此类推，直到该时段内的流量全部消耗尽则竞价结束，排在更后面的商家将无法得到展示。

超级推荐目前支持按展现收费（CPM）和按点击收费（CPC）的扣费模式。

在按展现收费形式下，实际扣费的计算公式如下：

实际扣费=下一名商家的CPM结算价格+0.1

CPM换算CPC的公式如下：

CPM（千次展现成本）=CPC（点击单价）×CTR（点击通过率）×1000

通过换算公式不难发现，在点击单价相同的情况下，创意点击率越高，最后的实际扣费越低。也就是说，只要我们把创意图尽可能地优化好，提高点击通过率，就能以较低的点击单价获取同样的点击量，投入产出比相应也会高一些。

7.3　手把手教你设置超级推荐计划

在超级推荐的所有推广类型中，商家使用得最多的是商品推广，因此它也成为整个超级推荐的核心板块。那我们在使用超级推荐进行商品推广时要怎样做才能达到最好的效果呢？接下来我们分三个步骤来讲解，分别为推广计划的建立与设置、设置单元和添加创意。

7.3.1　推广计划的建立与设置

点击顶部菜单【计划】，选择左侧【商品推广】，再点击【新建推广计划】，如图7.3.1所示。

图7.3.1　新建推广计划

选择推广主体，点击左侧的【商品推广】，再根据推广目标需求选择营销场景的【新建计划】即可，如图7.3.2和图7.3.3所示。

图7.3.2　选择推广主体

商品推广的营销场景，分为新品推广、爆款拉新和自定义计划三种。

1. 新品推广

新品推广属于系统智能计划，拥有可以加快新品成长的绿色通道，系统会根据新品推荐行业的新品人群，针对性地扶持新品成长。这里需要注意的是，淘宝商家首次上架时间在28天以内的商品才能在超级推荐中使用新品推广，天猫商家则需满足天猫新品规则才能使用。

2. 爆款拉新

爆款拉新也属于系统智能计划，系统会按照商品的属性、店铺人群特征、成交的人群标签智能匹配人群，帮助商家的商品获取更多的流量。这种营销场景能够使已经有一定销量的商品或者爆款商品突破流量瓶颈、提高商品销量、累积商品人群标签变得更加便捷。

图7.3.3　选择营销场景

3. 自定义计划

自定义计划与直通车的标准计划一样，都属于非系统智能计划，需要手动设置，而且在投放商品的维度上不作限制，即符合投放标准的商品都可以进行推广。这意味着商家在操作上自由度更大，能自主选择合适的人群及资源，结合需求进行投放。

总体而言，对于以上三种营销场景，商家可以根据推广需求和商品的实际情况来进行选择。目前淘宝系统的大数据分析已经非常成熟，如果商家没有熟练的超级推荐推广经验，可以先选择系统智能计划的"新品推广"或"爆款拉新"，操作熟练后再尝试自定义计划推广。

如果商家选择的是系统智能推广计划，系统将根据宝贝进行人群匹配，简单设置后即可推广，几乎不用人工去干预。自定义计划可以自主选择人群，满足商家在各个阶段的营销需求。接下来我们就以自定义计划为例，手把手来教大家设置推广计划的基本信息。

图7.3.4　设置计划基本信息

如图7.3.4所示，计划设置页面中包含投放日期、地域设置、时段设置等可设置选项，商家结合自身营销需求进行选择即可。对于预算设置，如果选择【每日预算】，需要注意系统对金额范围是有规定的，目前规定必须填写大于等于30元、小于20000000元的金额。

7.3.2　设置单元

设置完计划后，下一步要做的是设置单元。单元设置包括以下四项内容：

1. 添加推广宝贝

如图7.3.5所示，点击【添加推广宝贝】，根据自身营销需求添加宝贝即可，单次最多可添加20个宝贝。

图7.3.5　添加推广宝贝

2. 设置定向人群

如图7.3.6所示，定向人群可以分为五大类，分别是智能定向、拉新定向、重定向、达摩盘平台精选和达摩盘。接下来我们将详细介绍每一种定向该如何选择。

图7.3.6　设置定向人群

（1）智能定向

智能定向是系统根据商家的访客属性、宝贝标题、宝贝属性等多种维度匹配出种子用户，再根据种子用户画像拓展出更多对宝贝感兴趣或相似的智能人群包的设置，不需要商家进行任何定向标签的设定，同时也会根据投放效果对人群包进行迭代优化，如图7.3.7所示。

图7.3.7　智能定向

（2）拉新定向

拉新定向主要满足商家对新用户的需求，系统从店铺、宝贝、关键词等多种维度圈选投放人群，满足多维度的拉新需求，如图7.3.8所示。

图7.3.8　拉新定向

拉新人群分为店铺人群、宝贝人群和关键词人群。

①店铺人群：圈选近期及实时对相似店铺有浏览、搜索、收藏、加购物车等行为的人群。如图7.3.9所示，商家可根据店铺、宝贝分析并投放测试，再根据投放效果考虑是否长期投放。

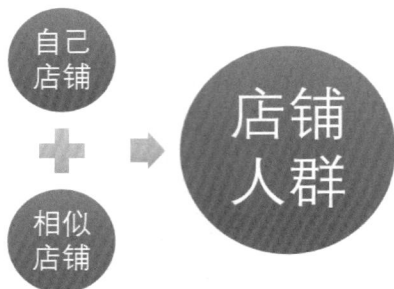

图7.3.9　拉新定向：店铺定向

②宝贝人群：包含近期及实时对所选推广宝贝的竞品宝贝感兴趣的人群。如图7.3.10所示，系统为商家推荐了三种类型的宝贝人群，分别是：

● 喜欢相似宝贝的人群。

● 精选购物兴趣人群：由系统智能优选出对商品及其类目商品有较强购物意愿/兴趣的优质潜客人群。

● 同品类高购买兴趣人群：基于推广宝贝浏览人群的同类目宝贝浏览偏好，匹配出有较高购买兴趣的优质潜客人群。

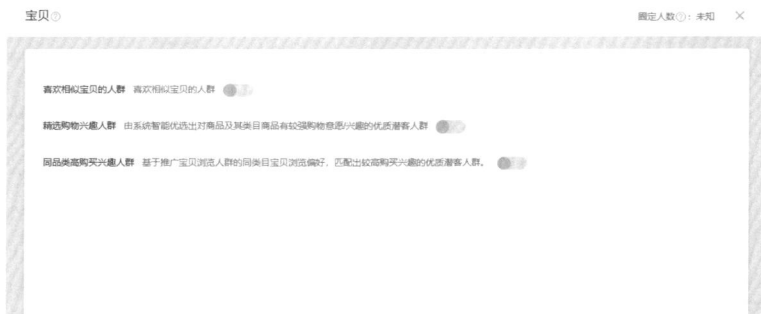

图7.3.10　拉新定向：宝贝定向

一般选择"喜欢相似宝贝的人群"进行投放，而"精选购物兴趣人群"和"同品类高购买兴趣人群"相对来说比较广泛，体量也非常大，建议结合营销需求来选择投放。

③关键词人群：近30天搜索过含该关键词或浏览过含该关键词宝贝的人群。如图7.3.11所示，系统推荐与推广宝贝相关性较高的关键词，并匹配出购买意向较强的人群。关键词分为相似商品热词和商品核心热词。

图7.3.11　拉新定向：关键词定向（1）

关键词定向同时也支持自定义设置，如图7.3.12所示。与直通车关键词投放推广相比，超级推荐的关键词拉新人群的点击单价会低很多，如果商家在直通车关键词的推广转化还不错，但点击单价又很高，建议可以多投放超级推荐的关键词拉新测试。

图7.3.12　拉新定向：关键词定向（2）

拉新定向的主要人群是我们店铺的未知人群，其目的就是让店铺的未知人群变成潜客，再流转为店铺的新客，进而变成店铺的成交客户，最终形成我们的忠诚用户，如图7.3.13所示。

（3）重定向

重定向是根据消费者在店铺、宝贝、内容

图7.3.13　拉新定向

等维度的行为，为商家挑选优质人群，满足商家精细化老客运营的需求。

重定向主要包含两种人群，分别是店铺人群和宝贝人群，如图7.3.14所示。

图7.3.14　重定向

①店铺人群：从店铺维度圈选本店铺访客，满足店铺消费者重定向需求。

如图7.3.15所示，店铺人群又可分出三个推荐选项：

● 喜欢我店铺的人群：近期及实时对本店铺有浏览、搜索、收藏、加购物车、购买等行为的人群。

● 领取本店铺优惠券人群：领取本店铺发放的优惠券，且未使用优惠券进行消费的人群。

● 收藏加购成交人群：近期及实时对本店铺宝贝有收藏、加购物车等行为的人群。

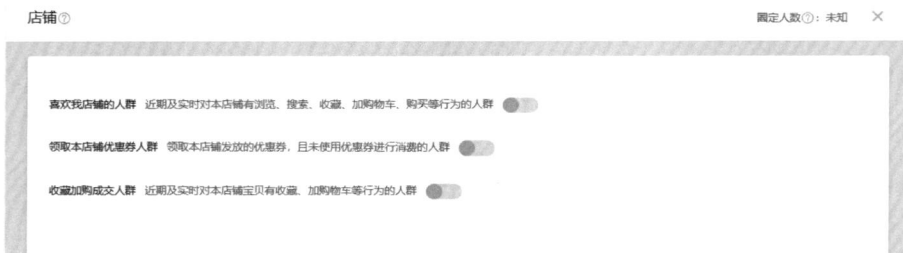

图7.3.15　重定向：店铺人群

"喜欢我店铺的人群"和"领取本店铺优惠券人群"比较适合做日常销售投放，而"收藏加购成交人群"则比较适合在做活动的时候投放。

②宝贝人群：近期及实时对指定宝贝感兴趣的人群。

如果通过前文所讲的拉新人群、直通车、钻展、自然搜索等渠道，增加了不少有收藏、加购行为的潜客/新客人群，那么我们可以通过重定向这个功能来对店铺的收藏、加购、成交人群进行二次触达，让未购买的人群进行购买，让买过的人群形成购买的忠诚。

（4）达摩盘平台精选、达摩盘

达摩盘是阿里妈妈基于营销场景打造的人群数据管理平台，包括账号基本属性、消费行为、兴趣偏好、地理位置等众多维度的人群标签。通过达摩盘，商家可以实现对各类买家的分析，挖掘潜在买家；通过达摩盘的标签组合，商家可以圈定想要的目标人群，实现不同人群在营销渠道（直通车、钻展、超级推荐）的定向，以及精准人群的营销触达。

商家可按照营销需求，无论是拉新还是老客营销，都可以通过圈选合适人群进行定向投放。老客营销需要店铺自身的人群体量足够大，因为达摩盘可同步至超级推荐的人群覆盖人数必须大于10万、小于100万。

超级推荐的达摩盘不仅提供商家自行筛选人群服务，还提供了达摩盘平台精选服务，操作相对简单了很多。系统会根据店铺情况，向店铺推荐精选人群，如图7.3.16所示。

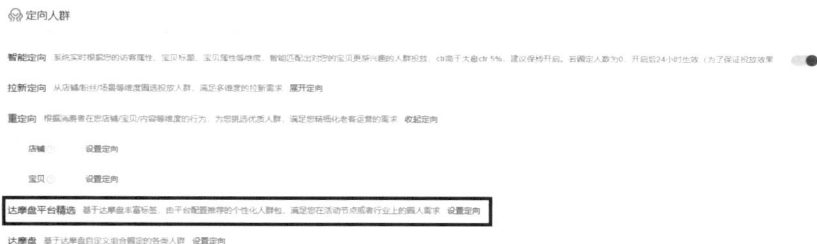

图7.3.16　达摩盘平台精选定向（1）

在图7.3.16中，点击右侧的【设置定向】即可进入设置页面，如图7.3.17所示。

图7.3.17　达摩盘平台精选定向（2）

在图7.3.17中，系统为店铺推荐了19个行业人群包，商家按照需求选择投放即可，操作非常简单。

3. 设置人群出价

设置好定向人群的下一步就是设置人群出价，如图7.3.18所示。

图7.3.18 设置人群出价

系统为商家提供了"智能调价"工具，它可以全面分析消费者与宝贝的关系，可以根据人群相关性自动调整出价，同时通过对高转化概率用户溢价、低转化概率用户降价来优化宝贝的投放效果，从而帮助商家获得更优质的流量，有效提高点击率，优化投入产出比。根据商家设置的溢价比例可将优化目标分为促进点击、促进收藏加购和促进成交三种。商家可以根据营销目的来选择优化目标，如果推广宝贝的基础权重较差，建议选择促进点击。

在【智能调价】下方就是我们刚刚选择投放的人群了，系统会分别给出建议出价和市场平均价。那这里的出价要怎么设置呢？其实最合适的出价都是测试出来的，前期我们可以根据自身的营销预算来设置，预算比较多的情况下可以相应设置得比市场平均价高一些，计划启动速度可以快一些，反之则要相应比市场平均价低一些，然后再根据推广数据调整至合适的价位。这个调价也是我们优化计划的主要工作步骤之一。

4. 设置资源位及溢价

设置好定向人群和出价后，就要进行下一步——设置重点资源位溢价，如图7.3.19所示。

图7.3.19　添加溢价资源位

在图7.3.19中，点击下方的【选择溢价资源位】进入设置页面，如图7.3.20所示。

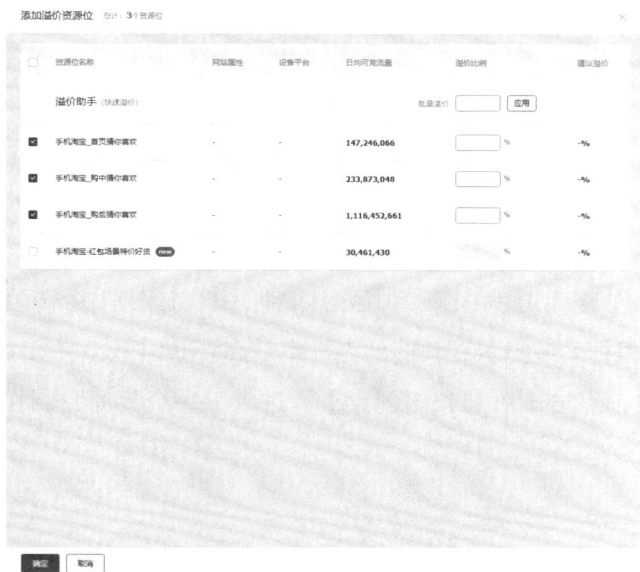

图7.3.20　设置资源位溢价

在图7.3.20中，我们可以看到资源位分别有手机淘宝首页、购中、购后三个场景的"猜你喜欢"和手机淘宝的红包场景特价好货，其中"手机淘宝—红包场景特价好货"资源位建议选择价格较低、性价比较高的宝贝进行溢价投放。首页、购中和购后三个场景的"猜你喜欢"资源位建议前期设置"5%"的溢价进行投放测试，后期再根据反馈的数据去调整溢价或取消溢价，以便达到最佳的推广效果。

7.3.3　添加创意

设置商品推广计划的最后一步便是"添加创意"了，如图7.3.21所示。

图7.3.21　添加创意

在图7.3.21中，我们可以看到系统提供了"创意万花筒"智能创意工具。"创意万花筒"可以深度挖掘推广商品的数据信息，包括但不限于商品详情页中的视频、图片和文案等，在展现端进行更个性化的千人千面展现来提升数据效果。

商品推广的创意图分为长图和方图两种，尺寸分别为800PX×1200PX和800PX×800PX。根据系统提示，长图的点击率较高一些。

在图7.3.21中，点击【添加长图创意】，进入下一个界面，制作长图创意，如图7.3.22所示。

图7.3.22　长图创意设置

首先我们要填写创意标题，字数限制在40字以内，可以按照宝贝属性填写，也可以选择系统根据宝贝推荐的文案。填写好标题后，上传规定尺寸的图片即可完成长图创意。方图创意除了图片尺寸不一样之外，操作步骤是一样的，这里就不重复介绍了。

添加好创意后，我们还可以为商品创意添加权益展示，如专享优惠券、拍立减等，从而提高点击率，降低点击花费，如图7.3.23所示。

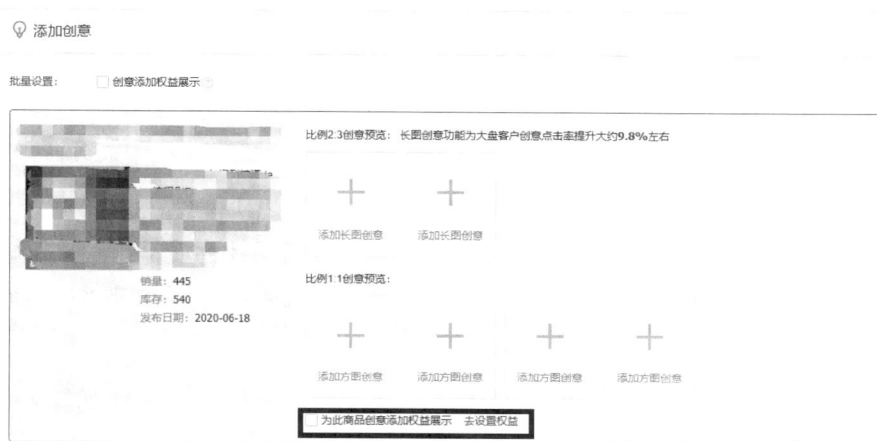

图7.3.23   添加创意权益

7.3.4   超级推荐的投放思路

想要让超级推荐投放产生好的效果反馈，不仅需要掌握其原理，还要去思考如何配合店铺运营的不同阶段使用不同的推广思路与玩法。超级推荐的主要玩法覆盖了两大应用场景，分别为拉新和"收割"。

拉新可以理解为对店铺或宝贝进行精准的丰富性引流。我们可以通过自定义计划下的智能定向和拉新定向进行引流。其中智能定向通过宝贝的相关属性，多维度地去匹配消费者人群，相对来说比较精准。如果因智能定向的人群不够精准或者覆盖人群少而导致流量少，这种情况可以使用拉新定向中的关键词定向，选择与宝贝匹配度高的关键词人群进行投放。如果商家没有超级推荐推广投放经验，也可以选择智能计划的新品推广或爆款拉新进行投放，这样操作起来也相对简单一些。总之，拉新的定向人群选择既要精准，也要有足够的数量。

"收割"理解起来更加简单，就是对我们店铺和商品所覆盖的新客、老客包括成交人群进行二次触达，从而产生销售额。具体可以通过自定义计划中的重定向人群来对计划进行投放。如果店铺和宝贝的人群太少，可以将几个老款宝贝的人群定向集中到着重推广的宝贝中，进行更强力的"收割"，让宝贝的标签在"收割"的过程中变得更加精准、有效。

整体而言，我们的推广思路应该围绕店铺运营对流量的需求来展开，通过拉新或"收割"来进行计划布局。直播和图文这两大内容领域其实就是在为店铺丰富人群，所以这两大推广主体的人群侧重点主要是以拉新为主，而商品推广相对来说就可以两者结合，既要拉新也要进行"收割"，从而产生销量。总而言之，就是利用好智能系统，获取更多的人群标签，做好标签的"挖掘种草"，然后再利用人群召回进行"收割"。

7.3.5　超级推荐创意图的优化方法

不管是直通车、钻展、超级推荐，还是搜索，创意图片的质量都直接影响着它们的推广效果。在推广的时候，我们首先要有一张设计优良的创意图来确保获取较高的点击率，否则推广效果将大打折扣。

在使用超级推荐进行推广时，图片创意基本上可以从以下三个方面去优化，提高创意的点击率。

1.运用长图的创意。如果商家的类目是允许使用长图创意的，那么要优先使用长图创意。因为长图创意的面积相比于正方形的主图大了50%，可以有效提高点击率。

2.在不同的营销活动中，合理使用个性化的活动氛围打标（指在产品上进行文字、图片等标识的标记），促进点击欲望，从而提高创意点击率。

3.增加创意权益透出，提升商品的竞争力，从而提高创意的点击率。

在制作好创意图后，我们可以运用超级推荐建立多个自定义场景计划来测试创意图的点击率。需要注意的是，我们应选择相同的定向人群，采取相同的资源位溢价，设置"一计划一创意"去测试创意的点击率。

创意图片测试完成后，我们还需再根据数据进行选择，最后留下表现最好的创意图片即可。

7.4　超级推荐常见问题及解答

1.　什么是超级推荐"冷启动"？

当商家在使用超级推荐推广时，系统会根据商品的标题属性分析计算出对应模型，再根据这个模型去匹配有着同样属性的人群商品池，最后为商品匹配展示的机会，买家看到后有兴趣便产生点击。系统分析商品属性并匹配对应人群的这一过程可以理解为超级推荐的"冷启动"。一般情况下，"冷启动"的时间大概是2～5天。已经有销量基础或标签的商品，"冷启动"时间会短一些；如果是新品，"冷启动"的时间则会长一些。

2. 如何加快"冷启动"，快速获取更多的流量？

（1）设置计划的技巧

超级推荐需要有足够的数据和时间去计算你的宝贝所适合的人群。如果你圈选的地域和时间段太少，就不利于"冷启动"的计算。所以在新建计划的时候，要尽量多打开一些地域和时间段，后期优化时再进行调整。

（2）圈选更多的人群

在选择人群定向投放的时候尽量圈选得丰富一些，让系统有足够的数据去匹配对商品感兴趣的人群。选择投放的这些定向人群要相对精准一些，这样才能得到较好的数据反馈。如果"冷启动"期间数据反馈不好，这个时候系统会认为你的宝贝存在问题，不是这类人群所喜欢的商品，接下来就不会再让你的宝贝在这类人群面前展现了。所以除了要圈选更多的人群外，还要保证圈选的人群是精准的。

（3）提高出价

超级推荐是一个实时竞价的推广工具，当宝贝的基础权重较差时，可以通过提高出价的方式来提升它的竞争力。例如，可以在"猜你喜欢"等位置上提高溢价，提升商品在超级推荐推广中的排名，从而获得更多的访客。

（4）优化创意质量，提高点击率

创意点击率的高低在"冷启动"期间会影响商品的流量获取能力，因此建议商家先测试好创意图片之后再去进行推广。如果因为图片点击率效果差导致没有展现量，可以删除这个没有展现的计划，重新设计创意图片后再新建推广计划。

值得注意的是，在"冷启动"期间不要过于频繁地去调整计划。许多商家一看到推广计划没有展现就特别着急，立刻去调整出价、溢价，甚至调整定向的人群，其实计划刚设置时展现量较低是很正常的，商家只需要把前面四个方面做好，剩下的就交给系统去计算匹配人群。

3. 超级推荐的计划建立之后，点击率为什么那么低？

如果计划的点击率过低，一般可以从以下两种情况去分析。

第一种情况：所选择的人群够不够精准，对产品是否感兴趣。

与直通车的"人找物"的搜索展现模式不同，超级推荐是"物找人"的推荐展现模式。由于消费者没有特别明确的购买需求，如果人群定向选择不精准，投放给了那些对产品没有需求的人群，结果就是白白展现，不会吸引流量进入。

第二种情况：要分析创意图是否具备足够的吸引力。

如果创意图片出现杂乱无章、卖点不明确、产品不清晰等情况，消费者点击的欲望自然大大降低。

4. 超级推荐能不能带动手淘搜索？

其实淘宝的所有推广渠道对于提升手淘搜索流量的原理都在于提升销量权重。销量权重高，排名自然会靠前，搜索流量就会相应增加。通过其他渠道成交也会对搜索加权，包括超级推荐。

我们可以这样理解，消费者点击了商家使用超级推荐推广展示的商品，那么系统会对消费者和商品都打上标签。例如，这个消费者是女性、28岁、全职宝妈，该商品也会被打上同样的标签，同时商品的信息会同步给消费者，当下次这位消费者或者是同样类型的买家人群在搜索此类商品时，系统会优先将商品进行展现。这也就是淘宝千人千面系统的基本原理：将更多未发生关联的人群转变为潜客，从而提升商品的搜索权重。

超级推荐推广带来的商品收藏加购行为，也会带动店铺其他商品的搜索权重。例如，消费者通过超级推荐加购了某个店铺的衬衫，那么下一次消费者在搜索牛仔裤时，该店铺恰好也有相应的产品，就会优先展现给消费者。

第8章

淘宝客

本章导读

前文为大家介绍了直通车、钻展、超级推荐这三大推广工具，本章将继续为大家介绍淘宝的另一推广工具——淘宝客的相关知识，包括淘宝客的作用及扣费原理、如何设置淘宝客计划、淘宝客的报表分析等。

8.1　淘宝客推广概述

8.1.1　什么是淘宝客推广

淘宝客是一种按成交计费的推广工具，由淘宝客从淘宝联盟推广专区获取卖家的商品推广链接，通过社群、论坛、个人网站、合作App或其他渠道进行推广，当商品成功交易后，淘宝联盟会以成交金额进行提成结算，返还给推广者。而从商品中赚取佣金的人，就被称为"淘宝客"或"淘客"。

淘宝客类似于无底薪的业务员，帮助卖家宣传其报名推广的商品，每销售出一件商品，即可获得一开始设置的对应的费用报酬。淘宝客、卖家、买家三者的关系如图8.1.1所示。

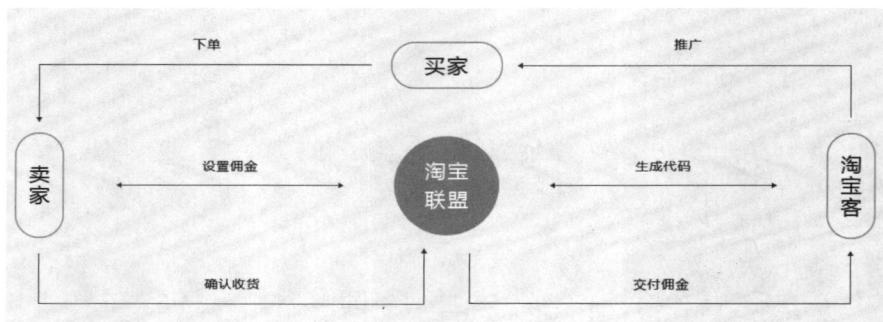

图8.1.1　淘宝客、卖家、买家三者的关系

在淘宝商家不亏本的情况下，淘宝客与商家是一种互利共赢的存在，也是一种商品销售推广模式。

8.1.2　开通淘宝客推广需满足哪些条件

1. 通用准入条件（各类型商家用户均须符合）

（1）店铺状态正常（店铺可正常访问）。

（2）用户状态正常（店铺账户可正常登录使用）。

（3）近30天内成交金额大于0。

（4）淘宝店铺掌柜信用不低于300分，天猫店铺则无此要求。

（5）淘宝店铺近365天内未存在修改商品类目、品牌、型号、价格等重要属性，使其成为另外一种宝贝继续出售而被淘宝处罚的记录，天猫店铺则无此要求。

（6）店铺账户实际控制人的其他阿里平台账户（以淘宝排查认定为准），未被阿里平台处以特定严重违规行为的处罚，未发生过严重危及交易安全的情形。

（7）店铺综合排名良好。店铺综合排名指阿里妈妈通过多个维度对商家用户进行排名，排名维度包括但不限于店铺类型、店铺主营类目、店铺服务等级、店铺历史违规情况等。

表8.1.1　店铺开通淘宝客资质条件

店铺类型	店铺信誉	产品数量	店铺动态评分
集市店铺	个人店铺信用等级为一心（红心图标）及以上，或参加了消费者保障计划	正常且出售中的商品数≥10件	店铺动态评分各项分值均不低于4.5
企业店铺	企业店铺信用等级＞0	正常且出售中的商品数≥10件	店铺动态评分各项分值均不低于4.5
天猫店铺	无要求	正常且出售中的商品数≥10件	店铺动态评分各项分值均不低于4.5

2. 卖家中心加入步骤

（1）打开淘宝网，登录店铺账户，点击右上角【我的淘宝】—【卖家中心】—【营销推广中心】—【淘宝客推广】，点击【开始拓展】进入。

（2）查看《淘宝客推广软件产品使用许可协议》，请仔细阅读后确认。

（3）查看全店参与推广提示，没有问题则点击【确认】。

（4）输入支付宝账户和支付密码，确认《支付宝代扣服务协议》后即可参加推广。

（5）打开阿里妈妈（www.alimama.com），点击【登录】—【淘宝会员登录】—【营销平台】—【淘宝客】。

（6）进入【我的淘宝客】，查看《淘宝客推广软件产品使用许可协议》，请仔细阅读后确认。

（7）查看全店参与推广提示，没有问题则点击【确认】。

（8）输入支付宝账户和支付密码，确认《支付宝代扣服务协议》后即可参加推广。

8.1.3　淘宝客推广的作用

笔者认为，淘宝客推广的主要作用在于为产品积累销量，提升销量的基础权重，为之后推广产品做好铺垫。这与我们平常所说的"刷单"差不多，只不过淘客是通过正规的方式进行销量积累。

当然，现在也有一些商家通过淘宝客走AB单、淘礼金等，快速积累商品销量。但笔者不建议商家通过这种方式进行推广，因为有可能被淘宝官方监控到，从而受到警告处罚，情节严重的，商品会被下架甚至删除链接。

如果产品利润空间足够的话，可以不考虑商品的权重问题，通过淘客持续走量，薄利多销，在商品单价和商品佣金之间寻找平衡点。

8.1.4 淘宝客的扣费原理

淘宝客推广的产品如果成交，会在订单确认收货时从店铺对应支付宝账户中扣除佣金。计算公式如下：

支付佣金=宝贝实际成交金额（运费不计）×卖家设置的佣金比率

运费不包括在实际成交金额内。

【举例】小A的订单总付款金额是105元，运费是5元，佣金比率为5%，则佣金=（105-5）×5%=5（元）。

注意：若加入淘宝客，则默认全店加入推广。如果产品被添加为主推产品，并单独设置了佣金，则该产品按单独设置的佣金计算，未单独设置主推的商品将会按类目佣金比率计算。

1. 不同计划佣金规则

淘宝客佣金不会重复叠加收取，哪个计划引入的就按哪个计划的佣金比率结算。例如，订单是买家点击通用计划链接进入而产生的，则按通用计划的佣金比率结算；订单是买家点击如意投计划的链接进入而产生的，则按如意投计划的佣金比率结算；订单是买家点击招商团长旗下的链接进入而产生的，则按该计划链接的佣金比率结算。

2. 扣费的跟踪逻辑

买家点击淘宝客的推广链接后，系统会跟踪15天，15天之内该买家进入店铺购买都会扣除佣金。例如，小明点击某个淘宝客的推广链接进店，后续15天内无论他进入店铺购买多少次，都会扣除佣金。如果下单的时候距离点击的时间超过了15天，就不会扣除佣金。

3. 成交金额计算

若买家使用了优惠券和淘金币，则不计入实际成交金额，但如果使用了集分宝，就会计入实际成交金额。

4. 退款订单的佣金规则

淘宝客订单发生退款时，佣金应该怎么计算？

如果买家在还没有确认收货时就退款了，那么按订单的最终实际成交金额结算。佣金为对应淘宝订单的最终成交价格乘以对应佣金比率。

如果最终订单是交易关闭的状态，那么实际成交额是0元，不需要支付佣金。如果买家申请部分退款不退货，那么按没有退款的成交金额计算佣金。

【举例】订单××××××××：买家付款100元，运费0元，于5月25日下单，没有确认收货。

（1）买家收到货之后，申请退货退款，退款完成，那么交易关闭，不结算佣金。

（2）买家收到货之后，申请部分退款，退了10元，那么按90元结算佣金。

（3）买家确认收货之后申请售后退款的佣金规则：当月确认收货的订单，如果买家在确认收货的下个月15日之前线上申请售后，系统都可以同步淘宝的订单维权状态；如果订单在下个月15日维权成功，在7月15日当天会返还佣金。

8.2 手把手教你设置淘宝客推广

8.2.1 淘宝客页面介绍

淘宝客有两种登录方式，一种是通过联盟商家中心（https://ad.alimama.com/index.htm）登录，另一种是通过阿里妈妈页面（https://www.alimama.com/member/login.htm）登录，分别如图8.2.1和图8.2.2所示。

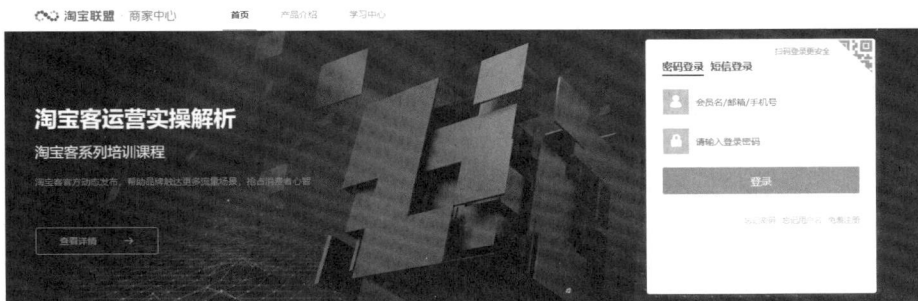

图8.2.1 通过联盟商家中心登录淘宝客

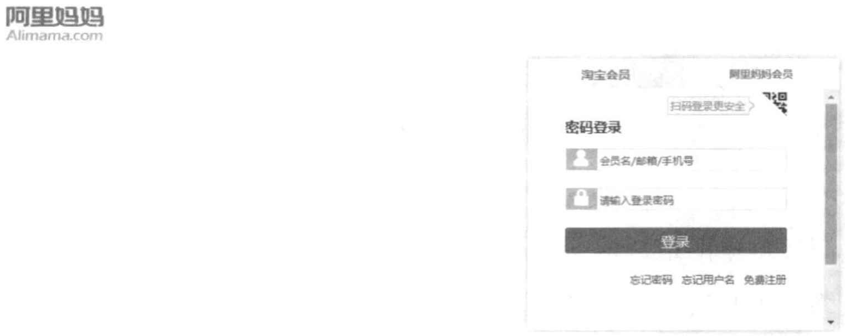

图8.2.2　通过阿里妈妈登录淘宝客

如果是通过个人淘宝账号登录，而非开通店铺的账号，则会显示图8.2.3所示的页面。

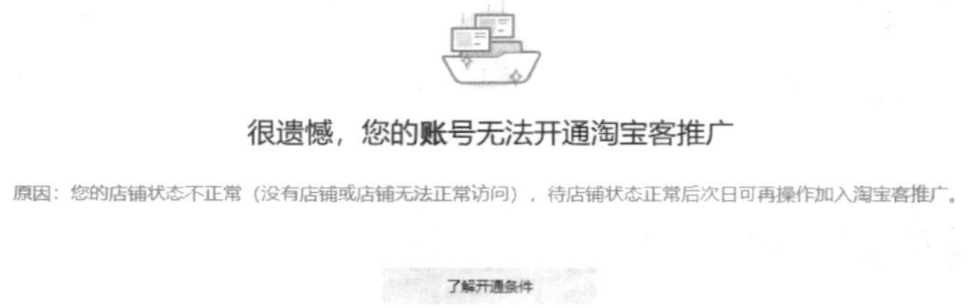

图8.2.3　非开通店铺账户登录淘宝客

图8.2.4是联盟商家中心的后台，一共分为五大板块。

图8.2.4　后台板块

1. 首页

淘宝客的首页大致可分为以下三个区域：

（1）效果概览

效果概览主要用于查看淘宝客的整体推广情况，例如某一天的引流进店UV是多少、有多少笔付款、付款金额是多少、支出了多少佣金等。如图8.2.5所示。

当然，除了查看某一天的数据效果外，我们还可以根据自己的需求选择时间段（最长可选择最近30天）。

不同数据专属词的旁边都有一个小标志，将鼠标移至此标志区域，会显示专属词的详细解释。

图8.2.5 效果概览

（2）推广产品看板

根据推广模式细分为六大模块，包括营销计划、自选计划、通用计划、如意投计划、定向计划和联盟星任务。如图8.2.6所示。

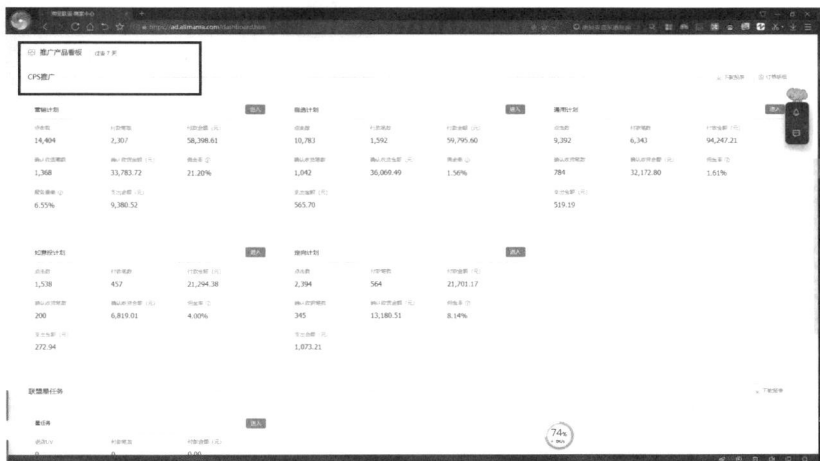

图8.2.6 推广产品看板

不同推广计划的数据情况在该页面中一目了然，方便我们进行数据对比与分析。但是，这一步需要根据每个推广计划设置的佣金、服务费、推广渠道、推广商品等多维度进行。笔者不建议单凭某个计划的付款金额高就加大投放力度，这需要根据计划带来的销量、利润、流量等情况进行分析后再做决定。

（3）学习专区和日常公告

淘宝客新手可以到学习专区充实专业能力，而日常公告一般是官方活动消息。

图8.2.7 学习专区和日常公告

2. 计划管理

计划管理的菜单选项比较简单，如图8.2.8所示。计划管理主要方便商家查看商品计划和全店推广下的计划数据（对于什么是商品计划和全店计划，我们会在后文进行解释）。

3. 活动

活动界面选项如图8.2.9所示。

（1）普通招商

①普通活动：可在团长活动广场与淘客团长联系，为商品进行报名。

②"我报名的普通活动"：可查看店铺已报名的活动状态以及报名团长链接的商品数据。

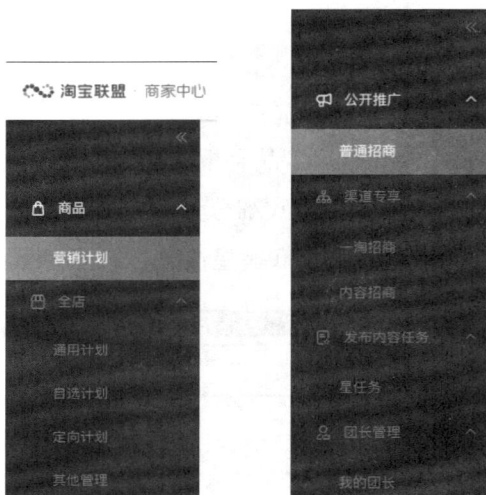

图8.2.8 计划管理板块 图8.2.9 活动板块

（2）渠道专享

①一淘招商：此渠道是一淘网App进行商品招商的渠道，商家可根据活动信息，选择相应类目进行报名。

②内容招商：商家可在此渠道报名商品，供站外内容场景的机构或达人进行选品推广。

（3）星任务

星任务（内容CPA）是淘宝联盟在原CPS纯分佣模式基础上升级的营销产品，通过内容CPA合作，可满足商家与MCN（Multi-Channel Network，一种多频道网络的产品形态，是一种新的网红经济运作模式）机构或达人（KOC/KOL。KOC，Key Opinion Consumer，指关键意见消费者，一般指能影响自己的朋友、粉丝，产生消费行为的消费者。Key Opinion Leader，指关键意见领袖）在多付费模式场景下达成合作。投放场景可覆盖抖音、微博、快手、哔哩哔哩（简称B站，为中国年轻世代高度聚集的文化社区和视频平台）、百度等短视频、直播、图文类媒体，以达人（KOC/KOL）在内容媒体上进行推广，帮助商家触达潜在消费者。

具体操作可查看此链接：https://mo.m.taobao.com/page_201909271356589?spm=a21an.11816858.1998910419.14.56c66a2eDGN2jG

（4）团长管理

【我的团长】主要保存了近90天内合作过的团长信息，包括那些不是直接合作但因一级团长信息发布任务而接触到的团长。收藏团长信息便于商家快速找到需要的团长。

4. 效果报表

效果报表菜单选项如图8.2.10所示，和其他推广工具的报表界面类似，具体分析方式我们会在下文解释。

5. 账户

账户界面如图8.2.11所示，主要是账户费用明细和账户信息等，而"工具"一栏则可查看本店商品是否违规和是否在内容库中。

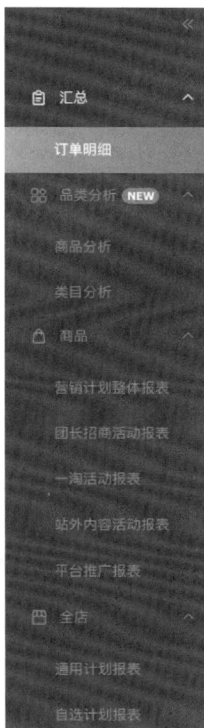

图8.2.10　效果报表板块　　图8.2.11　账户板块

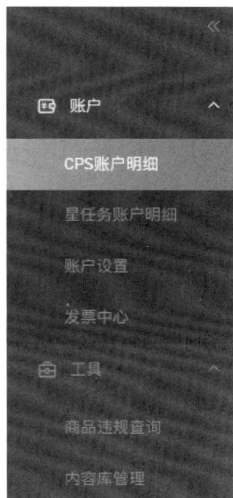

8.2.2　什么是"商品—营销计划"

在【计划管理】的【商品】模块中，除了可以查看今日实时数据情况外，还能添加商品和查看商品默认/日常/活动类型的佣金情况。

默认类型是平台从当前正处于"推广中"状态的所有策略里选取最优佣金与最优优惠券进行推广的策略，淘宝联盟超级搜索的页面也是按默认进行展示。目前不支持直接修改默认的佣金比率。

日常类型是指商家设置的营销计划的策略。

活动类型是指商家在报名团长招商活动后，为系统自动同步到活动类型中的商品所设置的佣金策略。

计划管理板块主要是便于查看各类商品的推广情况。点击【营销计划】页面中的【查看更多报表】会跳转至效果报表，而点击【活动详情】则会跳转至报名的活动管理页面，可以查看报名的淘客团长、活动起止时间、效果数据汇总情况等。

8.2.3　什么是全店计划

笔者把【计划管理】中【全店】下的计划都归类为全店计划。这里我们先来说明一下通用计划、自选计划、定向计划的区别。

通用计划和定向计划，即通过淘客，将某个宝贝或店铺的推广地址发送到站外平台进行推广，如微博、博客、微信、QQ等。

自选计划是店铺中设置为公开自动审核定向计划的升级版本。淘宝联盟平台会比较商家设置的通用计划、营销计划、自选计划的佣金比率，然后选择最高的佣金比率在平台进行透出。

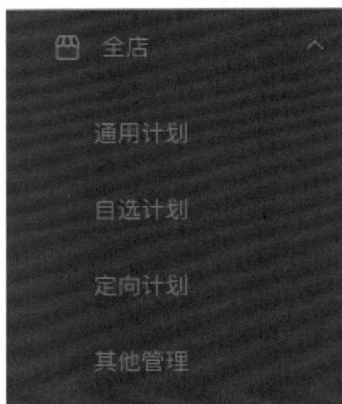

图8.2.12　全店计划

8.2.4　淘宝客各计划的功能区别

通用计划是商家加入淘宝客推广自动开启的计划，中途无法暂停，只有当店铺退出淘宝客推广时才可以停止。

定向计划可以设置自定义功能，是一种可自主定制的推广计划，可以不受通用计划的佣金限制，邀请淘客进行推广，有公开或不公开、自动或人工审核等功能。

如意投计划是淘宝为商家定制的、按效果付费的一种营销服务，可随时根据推广需求开启或暂停。它由阿里妈妈的系统将商品推送到中小网站的橱窗推广位及爱淘宝搜索结果页上进行展示。

图8.2.13　淘宝客推广计划

8.2.5　淘宝客营销推广计划的设置

1. 营销计划设置

营销计划，是指商家在阿里妈妈后台创建单品推广的计划。在该计划中，商家可以设置单品推广时间、佣金比率、是否选择阿里妈妈推广券，还可以查看推广实时数据及多维度推广效果。

与其他计划不同，营销计划在设置单品佣金后，淘客可直接了解到单品佣金，并选择是否主动推广该商品。

淘宝客营销计划操作步骤如下：

（1）参与入口：【联盟后台】—【计划管理】—【营销计划】。

（2）添加主推商品。

（3）为主推商品设置佣金，设置完成后，等待生效。

具体步骤可参考以下网址：https://help.alimama.com/#!/product/index?id=8306483&knowledgeId=20301566&categoryId=9210245

对于主推商品，可自主设置推广策略（默认/日常/活动）。

一般来说，当主推商品的佣金高于20%时，淘客一般都会要求创建一张阿里妈妈商品优惠券，具体金额根据商品需求情况而定。

目前一个店铺主推商品的佣金比率会高于20%，并且在线上渠道推广最多不能超过30个商品。倘若超过30个商品，超过上限的商品将无法通过线上渠道的推广审核机制。

2. 定向计划的设置

定向计划是针对某一部分淘客群体设置的推广计划。计划创建之后，商家可以邀请淘客来申请。与通用计划面向所有淘客不同，定向计划可以限定某一些淘客来推广，而且佣金比率一般比通用计划要高。

商家最多可创建30个定向计划，每个计划中最多可添加30个主推商品，各计划在运行中不相互冲突。目前只能创建不公开的手动审核的定向计划。

创建定向计划的步骤如下：

（1）打开【CPS计划管理】，在【推广计划】下找到【定向计划】，点击右侧的【查看】。

（2）在【计划管理】的【全店】下找到【定向计划】，打开【新建定向计划】窗口。

（3）首先给新建定向计划编辑一个名称，可以看到，计划类型是不公开的。审核方式目前有"自动审核"和"全部手动审核"两种，但"自动审核"无法选取，只能选择"全部手动审核"。然后设置类目佣金以及计划描述，点击【创建完成】即可。如图8.2.14所示。

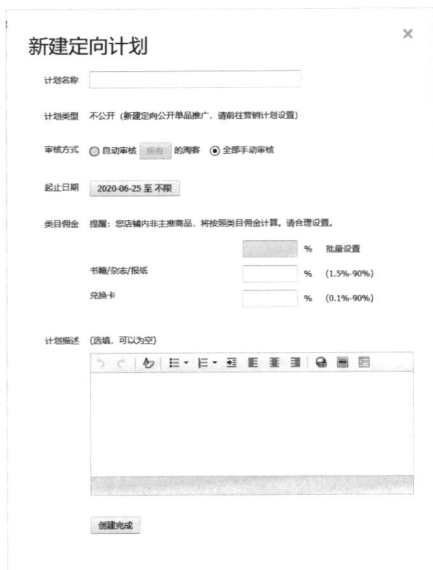

图8.2.14　新建定向计划

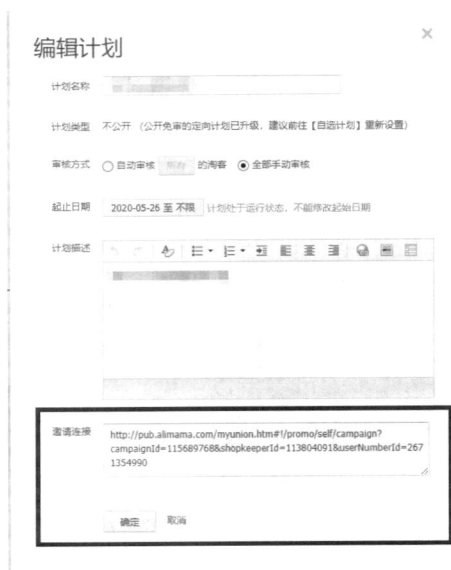

图8.2.15　获取邀请链接

（4）之后点击进入【定向计划】进行查看，从右上角【计划信息】中获取邀请链接，如图8.2.15所示。将邀请链接发给推广的淘客，等有推广淘客报名该链接后，在【淘宝客管理】审核申请的淘客，如图8.2.16所示。

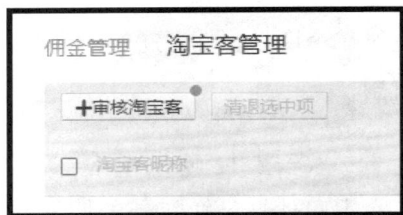

图8.2.16　审核淘宝客

8.3　淘宝客报表分析

1. 汇总

订单明细：查看商品成交订单信息和维权退款的订单信息。一般是下载报表进行整理查看。

2. 商品

营销计划整体报表：包含商品的日常策略和活动策略的推广数据，可以选择查看单品推广数据，也可以查看全部商品推广数据。数据一般保留90天，如果要备份，需及时下载报表。

一淘活动报表：包含一淘招商活动的效果数据。

团长招商活动报表：包含团长招商活动的效果数据，可细分到每个团长链接中的某款商品某天的数据情况。

站外内容活动报表：内容推广、活动招商的效果数据。

平台推广报表：平台主推带来的效果数据。当一个商品默认的推广策略恰好为某招商团长的某个活动策略时，数据将显示在该活动推广报表中。

3. 全店

（1）通用计划报表

通用计划是商家加入淘宝客默认开通的计划，不能取消。若商家没有设置过类目佣金，则会按照店铺售卖商品类目的最低佣金进行收取。

通用计划的报表主要收集汇总数据参数，可以查看某时间段某维度的数据变化曲线，如图8.3.2所示。

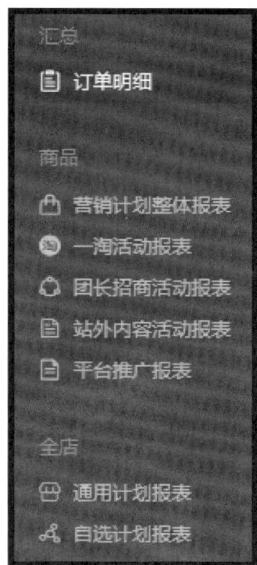

图8.3.1　汇总模块

图8.3.2　通用计划报表

（2）自选计划报表

自选计划方便商家了解淘宝客近期推广店铺的效果数据，自主选择同淘宝客的合作关系，并针对推广效果单独与其建立人工审核定向的计划。

自选计划报表

昨日

点击数 ⓘ	付款笔数 ⓘ	付款金额 ⓘ	点击转化率 ⓘ	确认收货笔数 ⓘ	确认收货金额 ⓘ	佣金支出 ⓘ	佣金率 ⓘ
1,061	**126**	**4,524.**05 元	**11.88**%	**98**	**3,382.**28 元	**51.**04 元	**1.50**%

2020-06-10

淘宝客明细

下载报表　　淘宝客ID、昵称

淘宝客信息	完成		行动		成交				后续指标	
	点击数		行动笔数		付款金额	确认收货笔数	确认收货金额	佣金支出	点击转化率	佣金率
	117		10		¥294.00	13	¥288.20	¥4.34	8.55%	1.50%
	2		1		¥263.00	0	¥0.00	¥0.00	50.00%	0.00%
	20		7		¥175.90	4	¥110.30	¥1.66	35.00%	1.50%

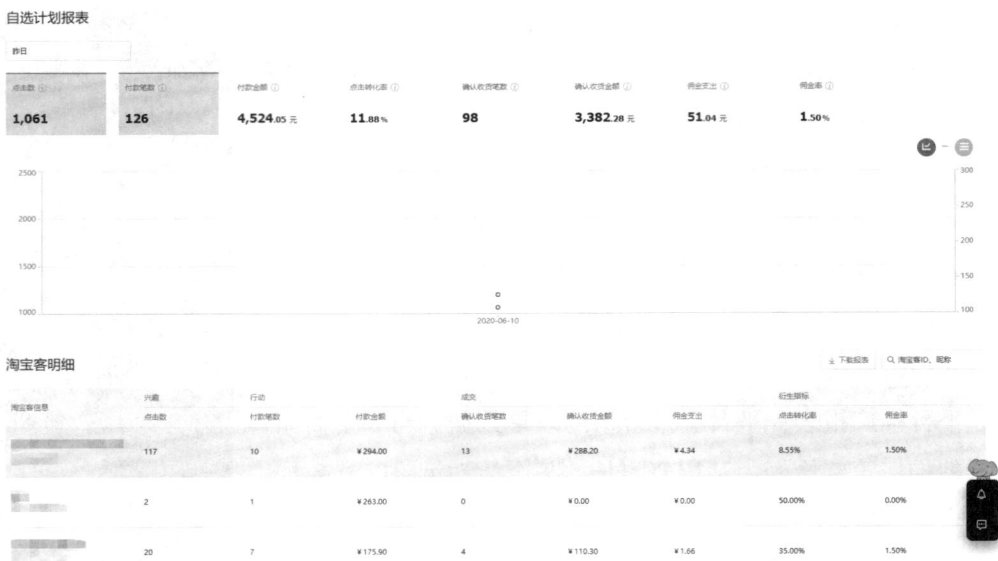

图8.3.3　自选计划报表

8.4　淘宝客常见问题及解答

1. 为什么淘客一般要求商家创建高佣金和高额优惠券?

佣金和优惠券是吸引淘客的核心。一个决定了淘客是否能够赚到更多佣金,另一个决定了淘客是否更容易推广商品。但由于类目、产品、店铺等的实际情况都不一样,所以在设置佣金的时候情况也会有所不同。

2. 为什么淘客一来就要求商家给他爆款产品做推广,或者需要搭配一款高销量商品给他做搭配引流?

一般来说,招商淘客都会要求选择店铺爆款产品来做推广,因为爆款产品性价比高,需求人群度较高,容易推广。但笔者不建议用爆款商品进行推广,一方面是会破坏商品本身的人群,另一方面是会降低商品的利润空间。当然,操作时还需要根据实际情况进行分析。

3. 如何查看竞品是否也有走淘客?

可在各种大淘客网站或通过插件搜索同类商品是否有走淘客。例如大淘客、好单库、实惠猪、选单网、淘客助手等工具,都可以查看商品是否有走淘客、佣金是多少等信息。

4. 如何加入内容招商？

可以通过咨询阿里万象加入。不同类目商品入驻内容招商的佣金率要求不一样，如下表所示。

表8.4.1 内容招商佣金率要求

行业分类	内容商品库营销佣金率要求	所含一级类目
化妆品（含美容工具）	≥15%	彩妆/香水/美妆工具
		美发护发/假发
		美容护肤/美体/精油
		美容美体仪器
图书音像	≥13%	书籍/杂志/报纸
		音乐/影视/明星/音像
		文具电教/文化用品/商务用品
		数字阅读
服饰	≥12%	服饰配件/皮带/帽子/围巾
		女装/女士精品
		男装
		女士内衣/男士内衣/家居服
居家日用	≥11%	居家日用
		节庆用品/礼品
		收纳整理
		家庭/个人清洁工具
		洗护清洁剂/卫生巾/纸/香薰
		厨房/烹饪用具
		餐饮具
		宠物/宠物食品及用品
食品	≥10%	零食/坚果/特产
		酒类
		咖啡/麦片/冲饮
		茶
		粮油米面/南北干货/调味品
		水产肉类/新鲜蔬果/熟食

（续上表）

行业分类	内容商品库营销佣金率要求	所含一级类目
鞋类箱包	≥9%	箱包皮具/热销女包/男包
		女鞋
		流行男鞋
保健品及医药	≥8%	传统滋补营养品
		成人用品/情趣用品
		保健食品/膳食营养补充食品
		OTC药品/医疗器械/计生用品
		精制中药材
		隐形眼镜/护理液
其他大类	>6%	以上未包含的类目

扫码立领
☆网店经营流程实战手册
☆主流平台运营模式解析
☆增长策略小讲堂

第9章 淘宝直播

本章导读

随着移动互联网和5G的发展，直播成为时代所趋，各行各业都开始做起了直播，而在直播行业里做得比较成熟的淘宝直播便是每一个淘宝电商人必学的内容。本章将带大家了解淘宝直播的发展、淘宝直播的开播流程、直播间的装修设置、主播的培养管理、直播的玩法技巧，以及直播的注意事项。

9.1　解读淘宝直播及其发展趋势

9.1.1　纯电商时代将结束，内容电商时代将到来

近年来，我国越来越多的中小企业开始发展电商业务，传统电子商务因此获得了突飞猛进的发展，不仅各企业从中收获巨大，居民购物也变得极为便利。但经过这十几年的电商发展和普及，纯电子商务市场趋近饱和，传统的"电子商务"可能很快会被淘汰，纯电商时代将要结束，内容电商时代将要到来。

随着电商发展得越来越成熟，电商平台规则不断更新优化，多样化的营销玩法带动消费形式不断升级。消费形式升级的本质是消费者需求升级，内容电商是电子商务发展过程中必然产生的营销形式。内容营销的呈现方式有音频、图文、短视频、直播。自2016年淘宝直播推出，越来越多有实力的商家在淘宝直播上加大投入，大力发展淘宝直播业务。

9.1.2　什么是淘宝直播

淘宝直播是阿里巴巴推出的消费生活类直播平台，也是新零售时代体量巨大、消费量与日俱增的新型购物场景，更是千万商家店铺粉丝运营、互动营销的利器。

淘宝直播的内容涵盖潮搭美妆、珠宝饰品、美食生鲜、运动健身、母婴育儿、生活家居、健康咨询、在线教育、音乐旅行等各类生活领域，并且仍在不断扩展，如图9.1.1所示。

平台流量　　　独立频道　　　主题活动　　　大促资源

图9.1.1　淘宝直播内容

淘宝直播目前拥有数百家直播机构,专业的MCN机构为商家品牌商提供内容化的一站式服务。

9.1.3 淘宝直播的发展趋势

自2016年上线至今,淘宝直播实现了跨越式的发展,带货能力越发强劲。2018年淘宝直播平台带货总成交额达千亿元人民币,2019年更是全面爆发,带动的总成交额突破了2000亿元人民币,连续三年直播引导成交增速达150%以上,成为近三年全球增长最快的电商形式。

2019年,4亿用户体验过淘宝直播,近100万主播成为生态伙伴的一员,超4000万商品进入到了淘宝直播平台。2020年淘宝直播实施五大扶持计划(500亿资源包上线、打通实体经济、丰富科技玩法、数字化升级、降低准入门槛),旨在打造10万个月收入过万的主播,打造100个年销售过亿的MCN机构,并将淘宝直播打造成中国最有价值的直播平台。

内外条件的成熟将推动淘宝直播持续发展,而全类目商家全方位拥抱、发展直播,以市场为导向,抓住直播营销的风口,将成为直播的最终受益者,如图9.1.2所示。

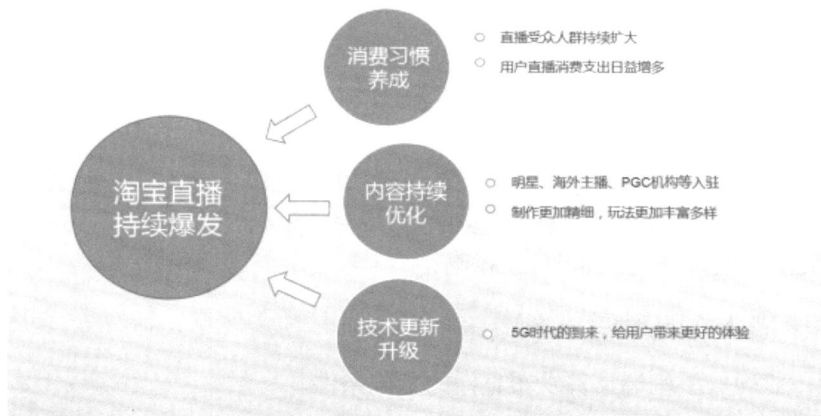

图9.1.2 淘宝直播持续爆发

9.2 淘宝直播的开通

1. 如何开通直播

商家新开通直播需满足类目和店铺综合数据要求。若符合类目要求,可自主申请开通淘宝直播发布权限，开通方法如下：

步骤一：下载"淘宝主播"App，登录需开通直播的淘宝账号。

iOS系统的手机可通过App Store搜索"淘宝主播"进行下载。安卓系统的手机可通过扫描二维码下载（或通过应用市场搜索"淘宝主播"）。

注意：App的名称是"淘宝主播"而不是"淘宝直播"，后者是买家端。

步骤二：点击"淘宝主播"App首页中的【主播入驻】按钮，如图9.2.1所示。

图9.2.1　主播入驻　　　　　图9.2.2　实人认证

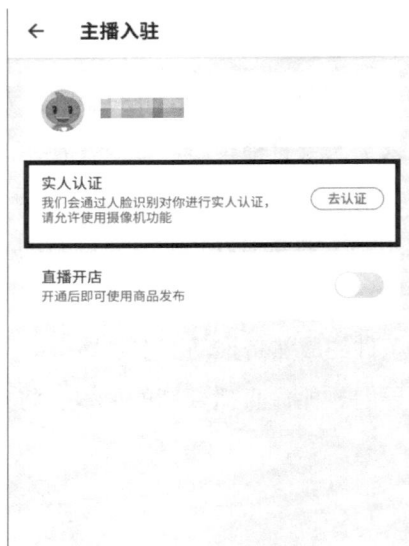

步骤三：按提示完成实人认证，如图9.2.2所示。

步骤四：审核通过后，勾选"同意以下协议"，点击【完成】，即可开通，如图9.2.3所示。

2. 手机端如何发起一场直播

步骤一：确保手机端具备发布直播的基础条件。

（1）下载或更新到最新的"淘宝主播"App。

（2）确保已连接稳定流畅的Wi-Fi或4G网络。

（3）手机已设置允许"淘宝主播"App使用麦克风。

（4）在条件允许的情况下，加配补光灯及防抖效果，以保证直播质量达到最佳。

步骤二：打开"淘宝主播"App，在【更多工具】中创建预告，如图9.2.4所示。

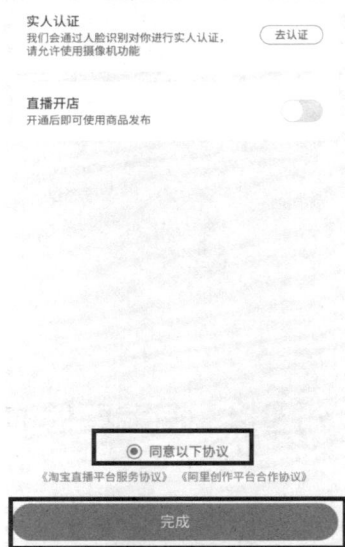

图9.2.3　完成开通

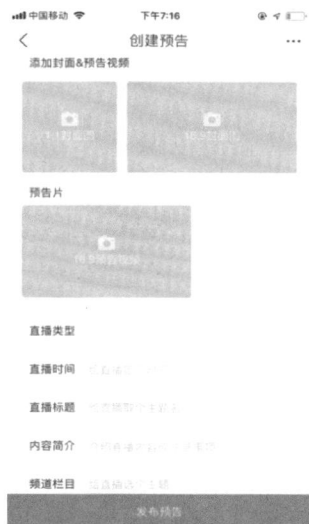

图9.2.4　创建预告

步骤三：点击上一步创建好的预告，调整画面。

选择直播清晰度。界面右上角可选择【调整美颜】或【开启闪光】，页面底部选择【分享】即可把直播分享给他人，如图9.2.5和图9.2.6所示。

图9.2.5　选择直播清晰度

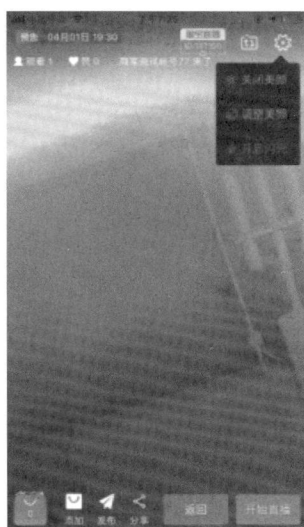

图9.2.6　设置美颜或闪光

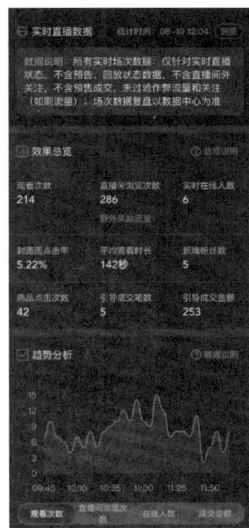

图9.2.7　查看直播实时数据

步骤四：开始直播，关注数据。

点击右下角的【开始直播】，开始后手机界面左滑可以随时查看数据，调整直播效果，如图9.2.7所示。

3．PC端如何发起直播

PC端发起直播的操作流程如下：

步骤一：在PC端登录店铺账号。

步骤二：在【营销中心】的【营销工作台】中选择【淘宝直播】。

步骤三：发布直播信息（必填信息、选填信息）。非大型活动一般选择【普通直播】进行创建，如图9.2.8所示。

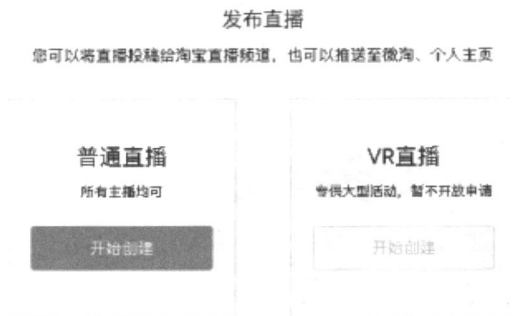

图9.2.8 发布直播信息

步骤四：开启直播。

PC端发起一场直播的操作教程可参考此网址：https://www.yuque.com/tbzb/help/nvxutl。

9.3 直播整体规划

9.3.1 直播间禁止场景

直播间应避免出现违规情况，以免因违规使账号直播权限受到限制。

1．禁止清凉着装，禁止出现男性、小孩暴露着装，抽烟、暴力等场景。

2．禁止引导线下交易。淘宝直播平台不允许主播、商家以任何直接、间接方式引导消费者线下交易（包括但不限于通过微信、支付宝、银行卡转账或其他方式），主播不得以任何方式在直播间，或任何其他与消费者互动的场景中引导消费者绕开平台商品交易流程进行私下交易。

（1）禁止在直播间展示或通过口播等方式展示外部链接或二维码，引导消费者绕开平台商品交易流程进行私下交易。

（2）禁止在消费者通过商家客服等方式沟通中引导消费者进行私下交易。

3．禁止在直播中一直不放实际内容，出现挂机行为（各种空镜头形式）。

4．禁止不规范展示商品，如真人内衣示范等。

5．禁止播放电影、电视剧、动漫、新闻、体育赛事等不宜播放的内容。

6．禁止主播违规声明不退不换。商家需遵守《淘宝网七天无理由退货规范》，除特殊类目（如定制类、鲜活易腐类）商品外，淘宝网要求支持七天无理由退货的商品，商家单方或买卖双方未按照上述规范要求对商品进行打标的，在直播间自行约定的不退不换行为平台不予支持。

（1）除特殊类目且按规则打标的商品外，禁止主播或商家在直播间自行声明商品不退不换。

（2）除特殊类目且按规则打标的商品外，禁止在直播间宝贝链接的商品标题或详情标注不退不换。

7．禁止售卖盗版假冒商品。主播应对所推荐的商品进行初步鉴别并承担相应责任，对于主播推广的商品明显涉及出售假冒、盗版商品，或为出售假冒盗版商品提供便利条件的，将按淘宝直播平台规则和相关法律规定予以严肃处理。

8．禁止专拍链接。直播间严禁售卖没有商品清晰描述的宝贝链接、商品描述和直播间售卖商品不符的宝贝链接及专拍链接等。

（1）直播间所售商品须有明确的商品详情页对商品性状、质量、参数进行准确描述，不得仅以秒杀链接、福袋链接、邮费链接、价格链接等不能说明商品特性的商品链接在直播间进行售卖。

（2）禁止拍A发B，所售商品和宝贝链接描述产品严重不符。

（3）针对全球买手巡街直播、珠宝逛市场直播等无法提前上架商品描述的直播场景，暂允许使用专拍链接。

9.3.2　熟悉直播中控台的操作

熟悉中控台对直播有非常大的作用，直接影响着直播的最终效果。直播中控台的各种玩法需要在直播开播后才能设置，若没有开播，【互动面板】展示的玩法是不完整的。接下来我们将对直播中控台的基本操作进行讲解。

1．设置红包

设置入口：进入中控台的【权益玩法】，点击【优惠券/红包/金币】，再点击

【权益中心】，选择红包，创建权益（请使用谷歌浏览器创建，红包类型选择支付宝红包），然后根据提示创建即可。

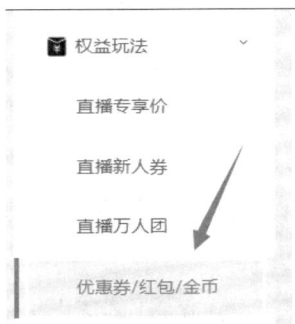

图9.3.1　红包设置入口

图9.3.2　选择支付宝红包

2. 设置优惠券

（1）优惠券可以事先设置，然后在开播后选择优惠券发放；也可以先开直播，再在直播中创建优惠券。

（2）直播中如何发放/创建优惠券：进入直播中控台，开始直播后，点击【互动面板】下方的优惠券选项，选择已创建的优惠券或者创建一个优惠券，如图9.3.3所示。

注意：【淘宝直播中控台】—【互动面板】—【优惠券】—【创建优惠券】是旧的优惠券设置界面，建议商家到【商家中心】—【营销工具中心】—【优惠券】后台提前设置好全网推广的优惠券，后续到直播中控台选择对应的优惠券发放即可。

若出现优惠券无法领取的情况，说明商家可能是通过【天猫权益】—【点赞有礼】进行优惠券设置的，若点赞次数过多就会出现无法领取优惠券的情况。

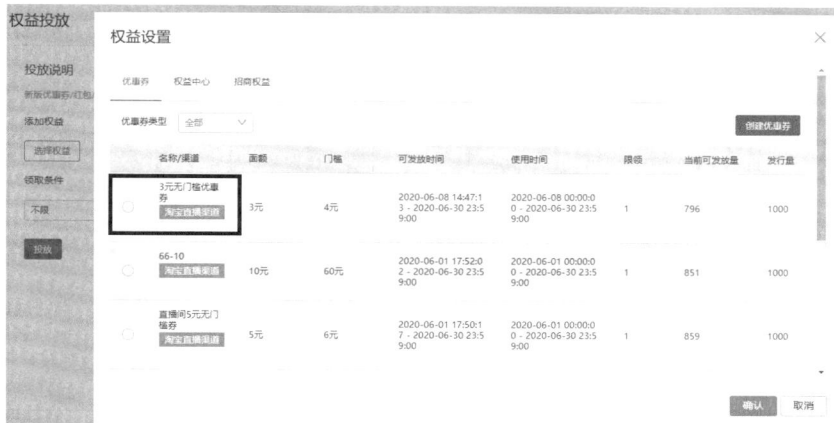

图9.3.3　直播中发放/创建优惠券

3．设置抽奖

设置入口：在直播中控台点击【抽奖】，输入奖品信息及中奖人数，点击【开始抽奖】即可。观看端会显示抽奖倒计时及点击参与抽奖的选项，如图9.3.4和图9.3.5所示。

图9.3.4　抽奖设置入口

图9.3.5　设置直播抽奖

注意：抽奖发布后不可撤回，抽奖结束后主播可以在后台查看中奖名单和阿里旺旺信息，以便安排领奖事宜，如图9.3.6所示。

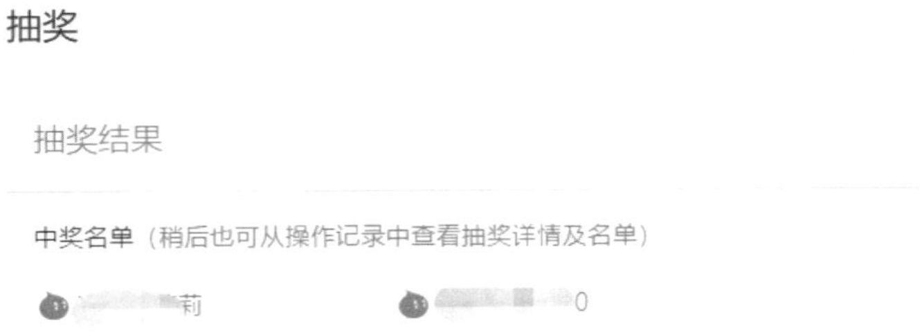

抽奖

抽奖结果

中奖名单（稍后也可从操作记录中查看抽奖详情及名单）

图9.3.6　查看抽奖结果

4. 设置投票

设置入口：在直播中控台点击【投票】，填写好信息和时间，点击【开始投票】即可，如图9.3.7所示。

注意：目前投票的消费者账号无法导出。

图9.3.7　投票设置入口

5. 设置店铺小卡

设置入口：进入中控台后，在【互动面板】—【店铺小卡】页面进行设置，如图9.3.8所示。设置成功后，淘宝直播页面会出现进入页面的引导卡片，方便消费者直接进入商家的店铺。

店铺小卡设置后的展示如图9.3.9。

图9.3.8 店铺小卡设置入口

图9.3.9 店铺小卡设置效果

6. 设置关注卡片

设置入口：进入中控台，在【互动面板】—【关注卡片】页面进行设置，按提示填写直播间昵称（即出现在直播间右上角的昵称）。

图9.3.10 设置关注卡片

7．设置公告（即直播印记）

设置入口：进入中控台后，在【互动面板】—【公告】中输入信息进行设置即可。当消费者通过直播间向左滑动时，该公告会显示在直播印记中。直播印记就是中控台设置的公告，在直播间的展示如图9.3.11。

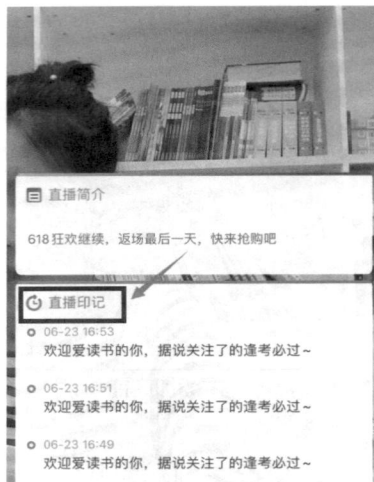

图9.3.11　公告/直播印记

8．设置粉丝推送

设置入口：进入中控台后，在【互动面板】—【粉丝推送】页面进行设置。每天8：00—23：00可以向粉丝推送1条直播提醒。每个消费者一天最多能接收6条和他最有关联的开播提醒。如果当天你向消费者推送的信息刚好是第7条，那么他将接收不到该直播信息提醒。

图9.3.12　粉丝推送设置入口

9．设置直播专享价宝贝

设置入口：进入中控台后，在【互动面板】—【专享价宝贝】进行设置。

设置专享价宝贝的详细操作教程，可以参考此网址中的教程：https://www.yuque.com/tbzb/help/hz9iim?spm=a1zb9.8233112.0.0.2bfb3a888OKXKS。

注意：

（1）直播专享价是单品级优惠，消费者只能从直播间进入才可享受该价格。

（2）直播专享价库存只能增不能减。商家在后台只能随时增加而不能减少库存，所以在添加库存时要谨慎，可以先设置一定的数量，当库存不足时再增加数量。

（3）直播专享价计入营销平台最低价，计入天猫最低价。

9.3.3 如何做好直播内容运营

1. 确定本场直播的主题

每一场直播的最终目的都是为了销售，但是我们前期依然要针对每一场直播制定多样化的活动策划，丰富活动玩法，不断延伸拓展直播的内容。可以从以下三个方面考虑直播的主题：

Who：要明确受众（粉丝）人群——讲给谁听。

How：要明晰呈现方式——怎么讲解直播。

What：要确定直播的脚本内容——讲什么。

整场直播主要有三个环节：预热、爆发和收尾。在预热期，要调动粉丝情绪、抓住粉丝痛点、建立感情的联系、营造良好的氛围，待最终爆发时收割预热期的成果。整个预热期和爆发期可以理解为"种草"和"割草"的过程。

2. 策划本场直播的互动活动

目前，淘宝直播中控台也推出了越来越多的玩法，如分享裂变、连麦、拼团等。分享裂变玩法可以用来激励拉新；连麦玩法能提升直播流量，收获对方粉丝；拼团多人下单更优惠，拼得越多越优惠，能刺激更多的粉丝下单。

策划直播活动的关键就是要增加新粉的黏度，可以从以下五个方面着手：

（1）话术：人都希望在任何场合被重视、被尊重，所以有新人关注，必将言谢。

（2）行为：在直播中引导粉丝加群，通过羊群效应，提高粉丝黏性。

（3）关系：给粉丝一个特别的称呼，让他们在众多直播间中找到归属感。例如，薇娅就称她的粉丝为"薇娅的女人"。

（4）事件：利用一些节日，如超级狂欢节、88会员节，通过事件增加粉丝回访。

（5）利益：通过在直播间抢红包或免单等方式来驱动粉丝，毕竟粉丝成就主播，主播依赖粉丝。

关于主播与粉丝的互动，可以采取不同话术加以引导：

（1）猜价格：刚拿到产品，讲解完成，不要急着说价格，可以尝试让粉丝猜一下，这样会有很多人参与进来。更加进阶的玩法是给猜对或者最接近价格的观众直接赠送优惠券。

（2）卖关子：比如，在讲解产品的过程中即使有很多粉丝想买，也不要马上将产品上架，等主播把该产品各方面的信息都讲解完了再上架。

（3）吊胃口：主要用于预热产品的"种草"过程，不上链接，持续预热，直到正式直播。引导粉丝点赞、分享直播间，点赞能增加亲密度，分享则送红包。可以制造话题，经常引出一些闲聊的大众话题，增加评论亲密度。

3. 策划设计本场直播素材

每场直播前都要策划设计本场直播的素材，直播素材一般来说有以下几种：优惠券、悬浮框、主播信息、公告轮播等。

在直播过程中要发放优惠券，就要提前设置好优惠券或奖品池，可以在【权益投放】进行设置，如图9.3.13所示。

图9.3.13　权益投放

淘宝官方活动会提供悬浮窗，但日常需要的话则要设计师去设计，价格、利益点在悬浮窗必须透出。悬浮窗目前只能在PC端通过淘宝直播的【图片】设置，手机端暂不支持，如图9.3.14所示。

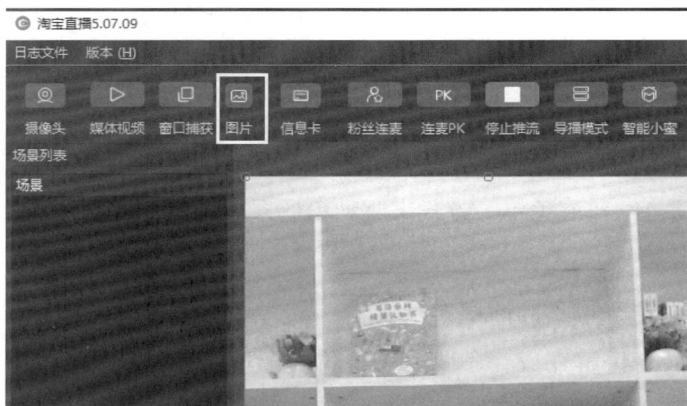

图9.3.14　设置悬浮窗

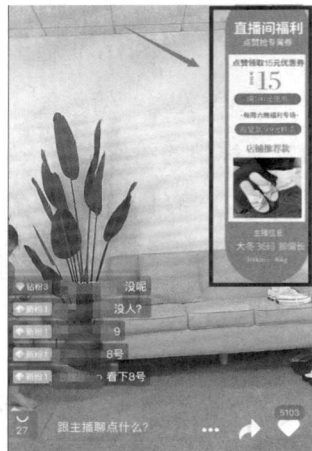

图9.3.15　悬浮窗效果

展示效果如图9.3.15所示。

主播信息窗口可以介绍主播的相关信息。尤其是服装类直播，可以介绍主播的身高、体重、衣服尺码等信息。

主播信息只能在PC端通过淘宝直播的【信息卡】设置，手机端暂不支持，如图9.3.16所示。

图9.3.16　设置主播信息

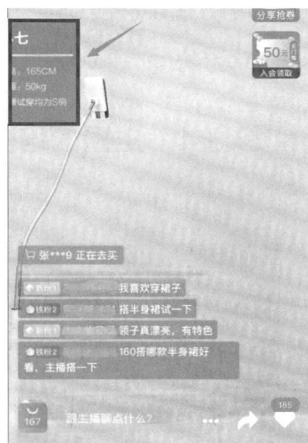

图9.3.17　主播信息展示效果

展示效果如图9.3.17所示。

4.　宣传推广工作的统筹

大家应该都知道，直播流量的来源主要有店铺Banner、详情页、微淘、客服话术引导、店铺群，以及其他自有渠道等。我们开展直播就是要把各个渠道的流量调动起来，因此在一场直播开始之前、发完预告之后，我们就要把各个渠道的引流工作安排下去。

店铺Banner：自2020年5月25日升级为在商家店铺直播状态下自动展示，不需要商家在后台进行设置。

详情页：只有正处于直播状态才会直接呈现。如果没有处于正在直播的状态，就需要录制宝贝讲解，这样才会有宝贝看点。录制宝贝讲解时，尽量对每个宝贝都进行录制，毕竟每个宝贝详情都有可能引流到直播间。

微淘：微淘要每天发布，开播或上新都要通知粉丝，这样能带动粉丝回访直播间。

客服话术引导：很多直播间会忽略客服话术引导的作用，其实这也是一个很大的直播流量来源。可以让客服设置自动回复，但是要注意话术，例如"直播中奖如何兑奖"，买家在看到这一提醒之后会想到自己也许能中奖，从而想要进入直播间观看。

店铺群：和客服话术引导一样，店铺群运营也是要注意技巧的，例如不要直接说"在直播了哦，快去看看"，而是可以说"今天直播间有老粉福利"，因为店铺群里的买家都是老粉，这是给他们的福利，会更加有针对性。

其他自有渠道：如果商家的微博或社群有粉丝，也可以发动起来，现在淘宝直播已经可以直接同步到微博了。把所有流量来源都调动起来——只要把自有流量经营好了，获得更多公域流量便是自然而然的事。

9.3.4　主播的培养与管理

主播的培养，其实成本并不高，关键是要形成一套标准操作程序（SOP），从招聘选用、培训上岗、事后复盘三个方面入手。例如，在招聘选人的标准上，无须要求具备太多的销售经验，只要对方能上镜，具备较好的口头表达能力和清晰的逻辑思路即可。在培训上岗时，产品知识、互动技巧、应变技巧以及客服话术这些方面都应该涉及。需要注意的是，主播的销售技巧固然重要，但不是一朝一夕就能掌握的，随着直播时长的积累，素人主播也能够学会如何巧妙地引导消费者下单成交。

主播的培养分为冷启动和内容准备。冷启动主要以熟悉规则、直播间的场景布置和中控台的操作为主。内容准备除了要做出一份能够"吸粉"（网络用语，指增加粉丝数量）的脚本，还要做好直播前的预热工作以及直播时与粉丝的互动环节，这些工作共同组成了直播内容。

接下来，我们主要说说冷启动。首先就是要熟悉淘宝直播的规则，必须让新主播熟读《阿里创作平台管理规范》，了解并熟记平台严禁发布的信息或可能会导致店铺受到处罚等的禁忌行为。其次是要学会直播间的场景化布置，包括背景灯光、摄像头的调整等。在熟悉了平台规则和直播场景布置后，可以开始让主播学习中控台的操作，包括发布直播、准备封面图和标题、添加商品链接、了解中控台后台数据情况等。这些工作虽说很多时候是由运营或场控人员负责的，但是如果主播自身也对这些操作熟悉的话，就能实时观察直播后台的数据，从而更好地把控直播节奏。例如在做某个活动的时候，在线人数比较多，互动也很多，就说明这个活动是有效的，下次可以接着做；如果在讲解某个产品的时候，在线人数掉了很多，说明这件产品对大家来说没有吸引力，就可以快速跳过，进行下一个产品的介绍。

随着淘宝直播的发展，越来越多的优秀主播加入，而且阿里也在大力推广淘宝直播，所以主播需要不断更新自己的知识库存，时刻做好自己的内容迭代，做好粉丝的维护。

主播能够带货是基于粉丝的信任，所以要提升粉丝的信任度，可以从主播培养方面入手，去提升主播的专业度。主播一定要对产品足够熟悉——可以通过直播的积累和产品培训慢慢地把主播培养成这个品类中的专业人士。除此之外，还可以通过改进直播间的装修和主播的穿着打扮等呈现出一种专业的氛围。

事后复盘除了不断改进运营效果之外，同时也是在对素人主播进行培训。要对数据上反馈出来的问题进行整理并分析出解决方法，再与素人主播进行讨论，增强他们的直播带货知识。

主播的管理除了人性化管理还需要制度化管理，例如可以给主播制定合理的KPI（Key Performance Indicator，关键绩效指标）考核，其中的指标可以分为直播时长、访客数、在线停留时长、销售额、转粉率等。制定KPI考核，除了激励主播更好地学习如何带货，同时也是对主播的约束，考察主播的能力和态度，其中能力占大部分，但是态度也很重要，表现得好可以进行奖励，违规的也要进行相应的绩效扣分惩罚。

主播KPI考核可以分为以下几类：主播分层体系、绩效制方案、占比制方案、KPI制定思路。大家可以根据自己的店铺情况以及主播的成长情况来制定适合的方案。

9.4　直播案例与复盘

1. 案例

2016年12月21日，《TOP梳妆台》在淘宝直播和优酷直播双平台上线。它是由天猫美妆、淘抢购联合十一号传媒共同打造的美妆直播综艺节目。该节目邀请美肤专家、时尚集团编辑和人气网红，以直播方式推荐优质、低价、正品美妆护肤产品，并发布了基于销售大数据和用户反馈的"TOP榜"。首播期间，双平台观看量突破50万次，点赞超11万次，推荐的商品交易量与同时间段未参与的商品相比，同比增长118%，该节目因此一举成为美妆PGC（Professional Generated Content，互联网术语，指专业生产内容）直播综艺的新典范。

2. 案例亮点

（1）打造了以专业为核心的优质"直播+内容+电商"美妆直播PGC栏目。

（2）通过多方位合作、多渠道信息覆盖，最大化曝光品牌，在最短时间内、在最大程度上为商家和产品提升品牌影响力。

（3）让受众对《TOP梳妆台》品牌产生信任，并转化为对节目中的商家及推荐产品品牌的信任，进而购买，实现"品销合一"。

3. 直播间数据复盘

（1）试播期间，优酷直播峰值69045人，淘宝直播人均在线时长2.09分钟。

（2）首播商品最高进店转化率为5.72%。

（3）淘宝、优酷站内资源推广，共为节目引流45万UV。

（4）7个自媒体覆盖人数超109000人次。

（5）13篇节目稿件发布于65个新媒体平台，总流量估算为118.63万次。

（6）发帖累计124篇，覆盖48个论坛，累计阅读量116200次。

（7）五大娱乐平台投放经典美妆护肤片段，累计阅读量28154次。

复盘，是指对每一次活动进行深刻反思之后的经验总结，可以帮助我们避免再犯同样的错误，也有利于我们总结规律以应对未来，更有利于形成标准执行流程，提高团队执行能力和执行效率。可以说，复盘是辅助目标达成最好的优化工具。

9.5　淘宝直播平台规则

9.5.1　直播间重要规则及雷区

为维护良好直播环境，请务必遵循以下淘宝直播关于封面图和标题的规则：

1. 封面图规则

（1）封面图不要带有文字。（2）图片中商品不要杂乱堆放。（3）内容尺度不可以过大、少儿不宜。（4）不要使用表情包类型的图片。（5）不要使用拼接非常明显的图片。（6）封面图不要贴其他元素。（7）封面图不能过于恐怖、恶心、暴力。（8）封面不要带有播放器样式、按钮等。（9）封面图不可以存在明显黑边。（10）封面图不能是洗澡、泡澡的图片。（11）不能用儿童佩戴大量珠宝图做封面模特图。（12）不能出现内衣真人上身试穿。（13）不能出现丝袜真人试穿。（14）封面图模特不能出现不雅观姿势。（15）封面图不能展示枪械或仿真枪械。（16）封面图不能展示开蚌等。

2. 标题规则

（1）标题不能是"附近……米，距离主播……米"等。（2）标题不能是测试、试播、测试直播等测试类型标题。（3）标题不能带有低俗性质的文案。（4）标题不能出现减肥类、丰胸类、壮阳类文案。

以下淘宝直播雷区是绝对不能踩的，若直播间中出现以下行为之一，平台发现就会拉停处罚1～30天，重则封号：

1. 公布微信、电话号码。

2. 提及其他直播平台，如抖音、快手等。

3. 非法言论。

4. 直播中出现空镜头超过5分钟。

5. 下播后直接关闭App没有点结束推流（黑屏直播）。

6. 镜头里出现宗教人物肖像或领导人肖像。

9.5.2　直播间的常见问题

直播间的常见问题有很多，这里列举两种，其他的可以参考淘宝直播白皮书相关规则或询问万象。

常见问题一：淘宝直播怎么切片？

1. 手机淘宝版本更新到最新版。

2. 在主播端底部【宝贝讲解】中，选择需要讲解的宝贝后，点击【录制讲解】，主播界面提示"正在讲解中"。

3. 讲解完毕后点击【结束讲解】，内容即会保存。

4. 在左下角宝贝列表中，录制过切片的宝贝会出现【标记讲解】，如图9.5.1所示。

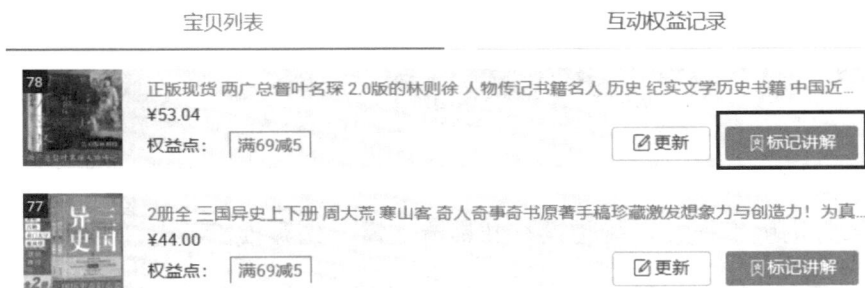

图9.5.1　录制切片

常见问题二：如何在直播间添加群聊入口？

1. 操作步骤

（1）直播间点击主播头像，到达"主播个人主页"，点击【粉丝群】即可。

（2）商家可自行再添加一个"宝贝"，改成"群入口"，消费者点击即可进入。

2. 具体操作图

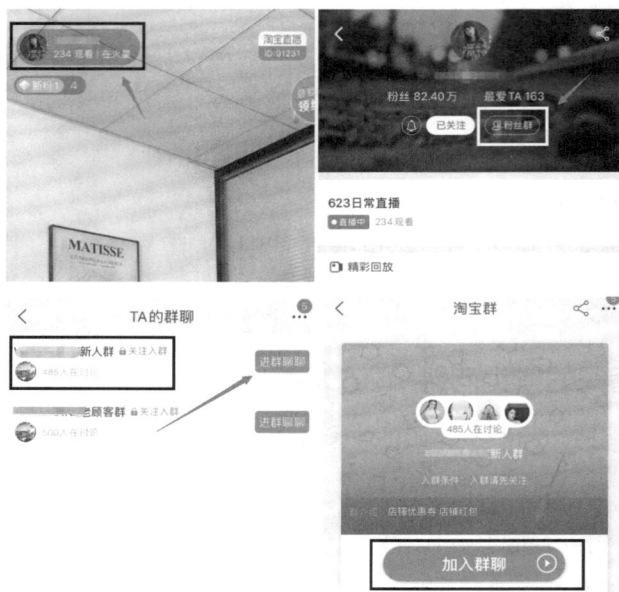

图9.5.2 添加群聊入口

3. 注意事项

（1）添加宝贝：专门用来加群的宝贝链接，必须最后添加，才会显示在最前面。

（2）操作系统：iOS系统的淘宝直播可以直接找到店铺宝贝，安卓系统则没有这个选项，需在开播前浏览宝贝，再添加。

9.6 淘宝直播常见问题及解答

1. 为什么开播后没有画面？

如果是电脑直播，可能是没有开推流，需要先开推流再点"开播"才能出现画面。

2. 怎么发优惠券？

旧版中控台有直接的优惠券选项，新版的优惠券设置已移至【权益中心】，包括红包、淘金币等；可以在开播前创建好，也可以在开播过程中点击创建。

3. 为什么已设置了直播专享价，直播间却不展示直播专享价标签？

直播间不展示直播专享价标签，可按以下方法进行排查：

（1）先通过【商家中心】—【营销工具】—【淘宝直播】—【专享价商品】报名专享价商品。

（2）商品在直播专享价活动的时间范围内（没有展示的原因一般是活动时间已结束）。

（3）通过【互动面板】—【专享价宝贝】添加商品。若其中一项不满足则无法展示标签。

（4）官方活动商品不展示直播专享价标签。

扫码立领

☆网店经营流程实战手册
☆主流平台运营模式解析
☆增长策略小讲堂

第10章

数据化运营

本章导读

优秀的电商运营人员必须具备数据化运营的能力，不仅要有明确的运营思路，还要有敏锐的数据分析能力，懂得从数据中发现店铺问题，从而有针对性地进行运营优化，促进店铺良好运营发展。

10.1　了解数据化运营

10.1.1　什么是数据化运营

说到数据化运营，一部分人可能会觉得很陌生。数据化运营，是指通过数据化的工具、技术和方法，对运营过程中的各个环节进行科学的分析，为数据使用者提供专业、准确的行业数据解决方案，从而达到优化运营效果和效率、降低运营成本、提高效益的目的。

数据化运营的价值就在于对运营的辅助、提升和优化上；前期所有的数据收集分析工作都是为了后续运营工作服务的。

例如，消费者在网上选购商品时会根据自身的需求搜索商品的关键词。他们首先关注的当然是商品月销量。月销量的多少一定程度上可以直接体现人们对商品的认可程度，毕竟市场上这么多相同或者相似的商品，卖得最好说明它得到了更多人的认可。其次是商品评价数，好评、差评的数量分布，能够让他们清晰了解到已购买商品的消费者对这个商品的使用体验情况。当他们挑选的商品能够符合自己的购买需求，而且市场认可程度高（月销量高）、消费者体验好（好评数居多），在多数情况下他们也会决定购买。这样的购物过程，不仅可以提高购物的效率，还可以降低买到不合适商品的可能性，实现投资利益的最大化。

同理，电商的数据化运营首先要采集数据进行分析和店铺诊断，然后制定运营策略并预估后期收益，最后还需要对执行的运营策略数据进行验收，及时总结分析。

10.1.2　为什么数据化运营如此重要

马云说过："21世纪核心的竞争就是数据的竞争，谁拥有更多数据，谁就拥有未来。"

为什么数据化运营如此重要？

答案很简单。传统的决策方法，例如拍脑袋、凭经验、头脑风暴，等等，往往是基于本能、假设、认知偏见做出决策，有时候很难为层出不穷的新问题带来科学决策依据，而数据化运营可以为运营决策提供数据支撑，让决策行为变得更为可靠。

运营是数据化运营的核心，而运营的目的是提高各个运营环节的效率，实现各个环节的高效运转。通过数据分析获取有用的信息，进而对未来发展方向做出判断，从而做出有效决策。

美国麻省理工学院一项针对数字业务的研究表明，企业如能够在大多数情况下进行数据驱动决策，它们的生产效率会比其他企业高4%，生产利润则要高6%。显而易见，数据化运营不仅可以提高运营决策效率和准确性，还能优化运营执行过程，提高投资回报率。

电商数据化运营的意义就在于可以通过数据了解店铺的运营状况，研究消费者行为偏好，分析解决店铺运营过程中出现的问题，并为运营决策提供有效的数据支撑，能够更好地优化运营决策。

10.2 如何进行店铺流量数据分析

10.2.1 如何获取店铺流量数据

不管店铺销售的是什么类目的产品，运营人员都必须学会看懂店铺数据。数据是各个运营环节的基础，是店铺运营情况最直观的反映。同时，通过对店铺数据的分析诊断，可以更有效地挖掘出店铺存在的问题，并针对性地做出运营调整，最终达到提升店铺业绩的目的。

那么我们该如何获取店铺数据呢？

店铺数据可以在店铺后台的生意参谋工具里查看，操作路径：登录店铺后台，点击进入【营销中心】—【生意参谋】。

生意参谋是集店铺实时概况、流量来源、交易分析、市场行情、竞争情报等数据于一体的商家统一数据平台，为广大淘宝、天猫商家提供与电商相关的数据服务。

新店需要先订购套餐才能使用生意参谋，订购路径：进入【生意参谋】—【订购】—【产品订购】页面。

图10.2.1　生意参谋订购套餐

如图10.2.1所示，订购页面上有不同的套餐可供选择。我们可以按照实际需求订购，如果没有特别的要求，新店铺商家可以直接订购标准包套餐使用。

10.2.2　常用的店铺数据概念

作为一名店铺运营人员，每天都要接触到店铺数据，如支付金额、访客数、支付转化率、客单价、支付买家数、跳失率等。这些常用的店铺数据有什么意义呢？

1. 支付金额

支付金额指归属到对应渠道的支付买家，所对应的支付金额。所有终端的支付金额为PC端支付金额和无线端支付金额之和。支付金额可用于评估来源渠道引入的访客质量。运营的根本目的是为了提高转化率，达成销售。没有销售，就算是有千万的访客也是无用的。

2. 访客数

访客数即店铺访问人数，指统计周期内访问店铺页面或宝贝详情页的去重人数，同个访客在统计时间范围内访问多次只记为一个。所有终端访客数为PC端访客数和无线端访客数相加去重。

3. 支付转化率

支付转化率是指统计时间内，来访客户转化为支付买家的比例（支付转化率=支付买家数÷访客数）。支付转化率是店铺最核心的数据，在获取相同流量的情况下，转化率的高低决定了店铺销量的高低。如果没有转化，店铺业绩也无从谈起。店铺支付转化率超过同行同层级平均水平越多，说明店铺商品越受欢迎，访客价值也越高。

4. 客单价

客单价是指统计时间内，每个支付买家的平均支付金额（客单价=支付金额÷支付买家数）。客单价是店铺的重要数据指标。要提高店铺的销售额，除了提高客户访问数量、增加客户交易次数以外，提高客单价也是非常重要的途径。一般可以通过关联推荐、组套销售、店铺促销等营销手段来提高店铺客单价。

5. 支付买家数

支付买家数是指统计日期内，通过对应渠道进入店铺且店内商品被买家拍下并付款的去重人数。对于有多个来源渠道的访客，支付买家数统计会体现在多个来源中，是以路过原则计算其支付的转化指标，可用于评估来源渠道引入的访客质量。

6. 跳失率

跳失率是指统计时间内，访客中没有发生点击行为的人数与访客数的比值（跳失率=1–点击人数÷访客数）。该值越低，表示流量的质量越好；该值越高，说明店铺转化较差，不利于店铺发展。

10.2.3 店铺流量数据分析

流量是店铺的根本，学会对店铺流量数据进行分析有利于店铺流量的提升。

生意参谋首页的【流量看板】模块可以查看店铺的流量概况。"一级流量走向"可以看出店铺的主要流量分布情况及变化趋势，"二级流量来源"则反映店铺在何种渠道的流量最多。查看路径：【生意参谋】首页—【运营视窗】—【流量看板】。

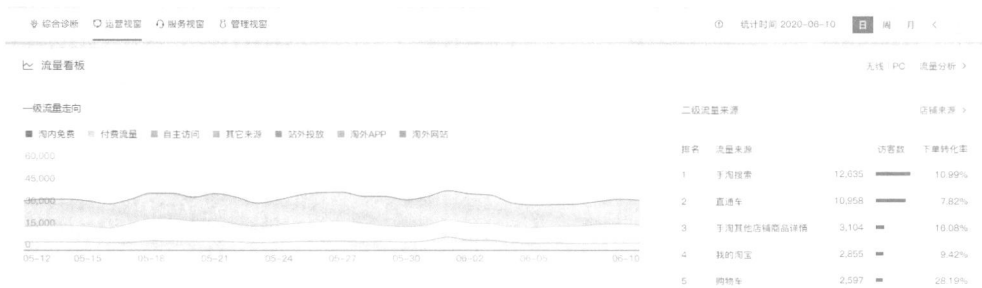

图10.2.2 流量看板

如图10.2.2所示，该店的一级流量来源主要是淘内免费、付费流量和自主访问；二级流量主要来源是手淘搜索和直通车，而且访客数远远高于其他流量来源。从下单转化率来看，购物车流量少，但是转化率最高，其次是手淘其他店铺商品详情。

点击右上角的【流量分析】菜单，将会跳转到生意参谋【流量】板块里的【流量看板】，在这里我们可以查看更详细的访客数据。数据周期可以选实时、1天、7天、30天、日、周、月。

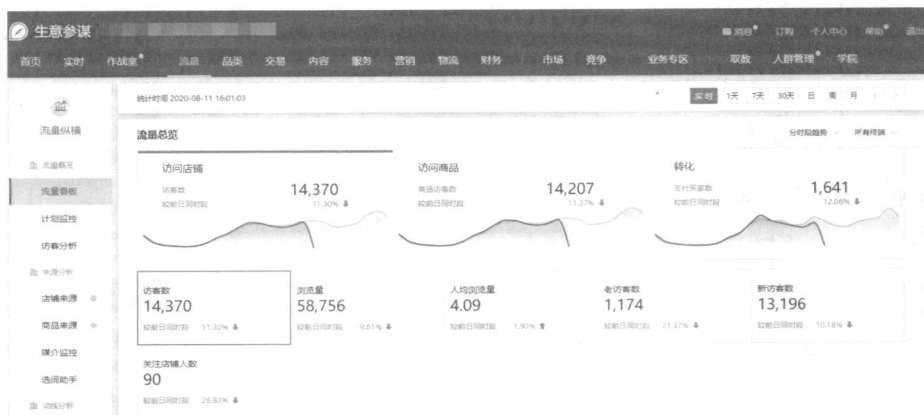

图10.2.3 流量分析

如图10.2.3所示，我们可以看到店铺实时流量对比前日同时段有所上升。在页面下方，是店铺【流量来源排行TOP10】榜单模块，在这里我们可以看到当前店铺主要流量来源数据与前一个数据周期的比较和变化情况，如有哪些流量在增长，又有哪些流量出现下滑，可以根据流量来源查找下滑的原因。

统计时间 2020-06-04 ~ 2020-06-10　　实时 1天 7天 30天 日 周 月

流量来源排行TOP10　　无线端　店铺来源 >

排名	来源名称	访客数	下单买家数	下单转化率	操作
1	手淘搜索 较前7日	79,725 -10.15%	9,426 -3.25%	11.82% +7.68%	详情 人群透视 趋势 商品效果
2	直通车 较前7日	68,028 +5.31%	5,462 +10.25%	8.03% +4.70%	详情 人群透视 趋势 商品效果
3	手淘其他店铺商品详情 较前7日	19,541 -0.83%	3,377 +3.49%	17.28% +4.38%	详情 人群透视 趋势 商品效果
4	我的淘宝 较前7日	17,310 -14.67%	1,615 -26.46%	9.33% -13.82%	人群透视 趋势 商品效果
5	购物车 较前7日	16,711 -28.35%	4,794 -26.33%	28.69% +2.83%	人群透视 趋势 商品效果
6	淘内免费其他 较前7日	9,396 -53.98%	1,606 -20.57%	17.09% +72.58%	详情 人群透视 趋势 商品效果
7	手淘猜你喜欢 较前7日	8,048 +0.16%	143 -20.11%	1.78% -20.24%	人群透视 趋势 商品效果
8	超级推荐 较前7日	7,335 +15.62%	232 +18.37%	3.16% +2.38%	人群透视 趋势 商品效果
9	淘宝客 较前7日	4,805 -23.17%	1,898 -16.57%	39.50% +8.59%	人群透视 趋势 商品效果
10	手猫搜索 较前7日	2,384 -12.90%	315 -13.70%	13.21% -0.92%	详情 人群透视 趋势 商品效果

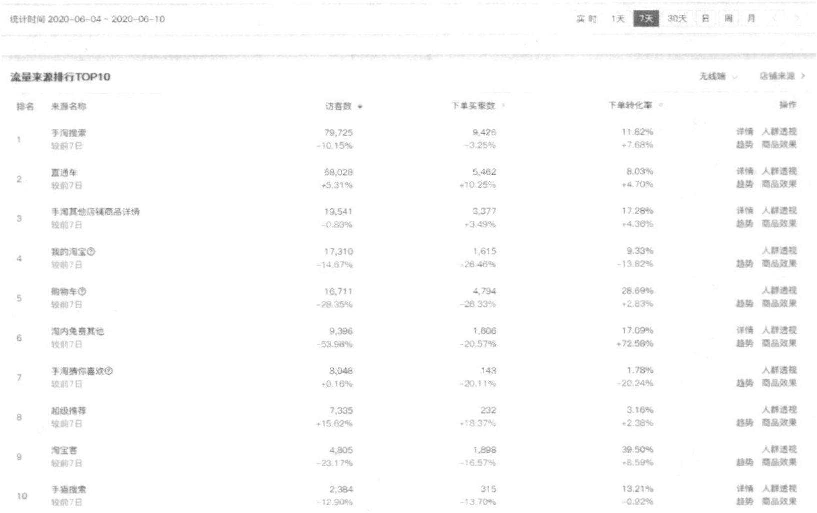

图10.2.4 流量来源排行TOP10

如图10.2.4所示，该店出现下滑的流量来源主要有手淘搜索、手淘其他店铺商品详情、我的淘宝、购物车、淘内免费其他、淘宝客、手猫搜索等。后续店铺可以针对这几个流量来源安排运营优化。

10.3　店铺成交数据分析

生意参谋首页可以查看整个店铺的实时概况和店铺概况。如图10.3.1所示，实时概况展现了店铺今日（2020年6月11日）实时销售数据和昨日（2020年6月10日）全天销售数据的对比，包括支付金额、访客数、支付买家数、浏览量和支付子订单数这五个销售数据指标。右侧的店铺概况可以看到近30天店铺的成交金额排行和店铺层级变化情况。如图中所示，6月10日店铺处在行业类目的第五层级，排名为第287名，与前日（6月9日）排名持平。

图10.3.1　实时概况和店铺概况

图10.3.1中的趋势图是今日支付金额与昨日支付金额的时段累计图，实线为今日支付金额，虚线为昨日同期支付金额。从支付金额曲线来看，12:00左右当日支付金额对比昨日同期有所增长，在17:00左右差距开始逐渐缩小，说明该时段的支付金额在减少。

如果想要更清晰的销售数据对比，可以点击【实时直播】菜单查看【实时趋势】，如图10.3.2所示，上面可以看到对应数据指标的分时段趋势图。

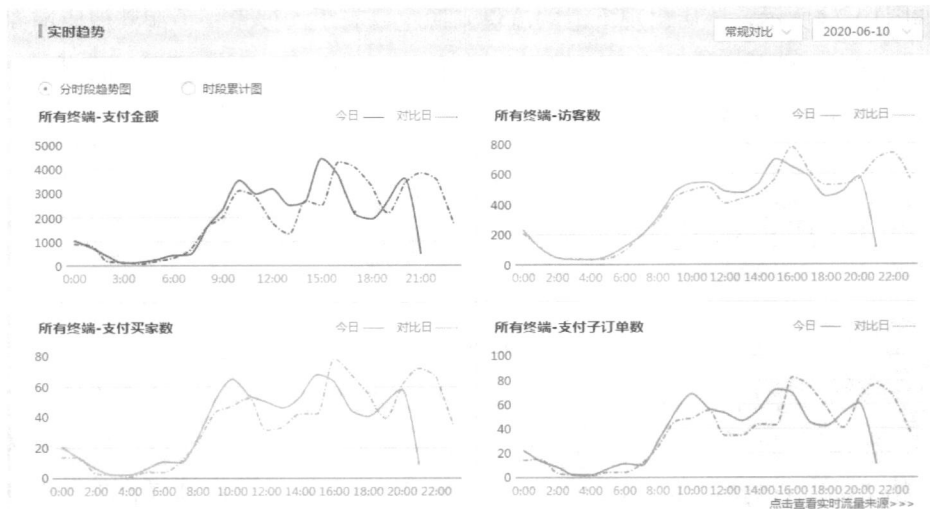

图10.3.2　实时趋势

　　若要查看店铺整体数据指标变化，可以打开生意参谋的【运营视窗】模块，该模块可以查看店铺过去时间段的支付金额、访客数、支付转化率、客单价、支付件数、推广消耗等数据，数据可选日、周、月等不同周期。

　　如图10.3.3所示，该店铺6月10日访客数对比前日及上周同期都有大幅的增长，但是支付转化率、客单价都出现了明显的下滑，说明店铺的运营重心可以放在提高支付转化率、客单价上。

图10.3.3　运营视窗

　　数据指标下方的曲线图展现的是对应指标的变化情况，橙色曲线（最上面的一条曲线）代表的是同行同层优秀商家的数据，黄色曲线（中间的曲线）代表的是同行同层平均的数据，蓝色曲线（底部的曲线）代表的是自己店铺的数据。在店铺数据出现下滑的时候，可以对比同行最近几天的数据曲线变化，如果同行的数据曲线也出现了相似的下滑趋势，说明这可能不是店铺自身的原因，而是行业大盘就是如此。如果同行的数据没有出现下滑，只有自己的店铺出现明显下滑，而且店铺的跳失率上升、转化率下滑，那么很可能是有更优质的竞品出现导致客户流失。

行业中有竞争是正常的，如何在竞争中留住我们的客户，是经营店铺不可或缺的一个环节。【竞争情报】模块可以查看店铺流失金额、流失人数、引起本店流失店铺数以及流失竞店发现的相关数据。

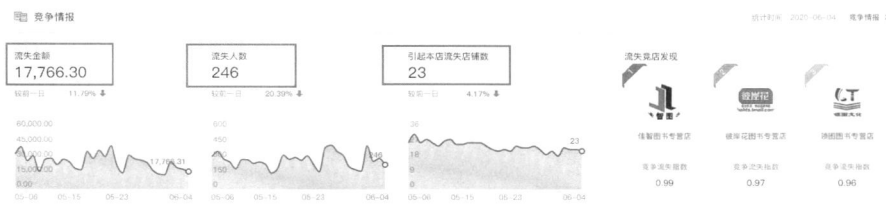

图10.3.4　竞争情报

如图10.3.4所示，有246人进店浏览，但是并没有购买店铺内的商品，而是流失到其他店铺去了。是其他竞店商品价格更有优势，还是有其他更吸引客户的地方呢？通过对竞争店铺的页面、商品的浏览和对比，我们可以发现其中的差异并有针对性地进行优化，包括商品的主图卖点、详情页介绍、活动力度等。

10.4　数据化运营常见问题及解答

1. 数据化运营在哪些环节可以用到？

数据化运营在各个环节都会用到，例如商品选款、竞品分析、推广分析、流量分析、活动效果分析等。

2. 数据化运营的步骤是怎样的？

数据化运营首先要确定运营目标，明确我们要做什么；其次要进行数据采集，为后续分析提供依据；再者是数据分析环节，挖掘有效数据信息，分析数据变化的原因；最后一步是进行决策，优化运营过程。

第11章

产品运营：爆品持续热卖的秘诀

本章导读

推广爆款是运营淘宝、天猫店铺必须要做的事情。爆款所带来的销售额和流量，以及对店铺的长远影响，都是不容小觑的。在打造爆款之前需要做什么工作，产品的生命周期是什么，如何在淘宝、天猫平台推广爆款，为什么要关注产品上线后的各个数据指标以及如何调整，如何做好产品评价和售后服务等，都是运营人员在推广爆款时需要考虑的问题。本章将带大家了解淘宝、天猫平台推广爆款产品的注意事项，并根据实操经验分享实用的方法，希望各位读者在实操过程中有所收获。

11.1 产品运营要做什么

11.1.1 产品运营的一般定义和工作内容

一般来说，产品运营需要从内容建设、用户维护、活动策划三个方面来管理产品内容和用户，需要具备良好的数据分析能力，以及对产品市场和情景敏锐的嗅觉。根据能力层次的不同，产品运营可划分为专员、经理和总监三个级别。

在公司架构中，电商产品运营可以纳入电商运营大部门，很多公司还会设置采购部、产品研发部。这三个部门都跟产品有关，但其工作内容却有很大的区别。产品运营部可以理解为采购部或者产品研发部与运营部之间的桥梁。产品运营人员需要帮助采购部和产品研发部选品，进行一系列运营操作，促使商品在平台上的销量得到增长。其实很多公司不设置产品运营岗位，产品运营工作由店铺运营人员完成，所以产品运营思维也是一名合格的电商运营人员的必备技能。

产品运营具体要做的工作，需要按照产品的属性来划分。例如实体产品运营和App运营是不一样的，不同类目的产品运营也是不一样的。

对于淘宝、天猫产品运营来说，主要依靠平台站内工具来运营产品，吸引用户使用产品并促使用户持续产出符合产品定位和发展目标的行为和内容，充分挖掘和发挥产品核心价值。平台站内工具有直通车、钻展、超级推荐等，这些工具在这里不再赘述，各位读者可以翻阅本书其他章节进行学习。

当用户在淘宝、天猫看到所需产品，下单购买并确认收货，并在使用产品后对产品的性能以及店家服务做出直观评价（文字、视频、图片），此评价将会给其他用户提供参考，对下单转化率产生比较大的影响。若用户认可这个产品，他也会将产品分享给周围的亲朋好友购买，甚至会产生回购的行为。产品运营对产品所做的每个动作，都会对产品后续的发展产生深远的影响。因此，产品运营需要注意每个细节的操作。

11.1.2 产品运营的最终目的

每件产品都有一个生命周期，需要通过运营手段维持其在市场上的存活率。运营手段贯穿于产品的整个生命周期，需要随着产品的变化而调整，为实现不同的目的而更改策略，不断适应新的变化，进而给产品带来持久的生命力。也就是说，产品运营就是要利用一切手段和方法，使产品得以推广，提高用户认知和促使其购买，从而让产品"活得更好、更久"。

从淘宝、天猫站内来讲，为了让产品"活得更好"，我们可以通过直通车、钻展、超级推荐广告、直播介绍、微淘、主图详情页文案设计展示、活动策划、接待和售后服务等方式去优化产品的功能，吸引更多的用户购买、宣传、传播。

"活得更久"，则是通过访客量、下单率、转化率、咨询率、好评率、用户评价、用户调研等各项数据分析和研究用户的行为，提升产品与用户的适配性，让用户产生依赖，从而让产品的生命周期变得更长。

11.1.3　产品运营的核心任务

产品运营的工作主要围绕流量建设和用户维护来开展。好的产品需要有人看到、购买、使用和分享，能达到广而告之的效果是最好的。具体如何操作，我们接下来会进行分析。

1．流量建设：撒网捕鱼

在淘宝、天猫平台上，我们一般都是通过直通车、钻展、超级推荐、官方活动、直播等各种推广方式来提高产品曝光量，使产品有足够的浏览量。一个产品只有拥有足够大的流量，才可能具备更大的可转化基础流量，也才更有可能积累有价值的用户。这是一个产品能成功运营下去的因素之一。对于新品来说，流量就尤为重要。如果产品没有展现，销售情况持续没有变化，平台就会减少对此新品的流量扶持，所以在新品上新阶段，流量建设是非常重要的。

当有了流量之后，我们还需要注意分析流量的"质量"，通过分析产品的付费流量来源、免费流量来源、咨询转化率、成交转化率、UV价值等数据来判断流量是否精准，从而进行适当的调整。要知道，即使是免费的流量来源，我们也需要付出时间、精力等成本去运营，如果最终这些流量不是我们的目标用户，那所做的工作将是徒劳。

2．用户维护：聚拢回收

有了流量之后，产品运营人员就要开始考虑如何促进用户的活跃度、保障用户的留存率、挽留即将流失的用户和已经离开的用户，并从中发现有价值甚至高价值的用户，因为这些用户能为产品带来价值和收益，让产品生命周期更长、更好。

在淘宝、天猫店铺运营过程中，商家一般会通过引导用户浏览主图、视频和详情页，达到让用户收藏、加购、推荐、点赞等效果；或者通过引导用户关注店铺领取优惠券等活动方式来增加店铺粉丝量；或者设置粉丝淘宝群，把用户留下来，维护好淘宝群以达到持续转化的效果。运营就是要通过以上一系列手段促使用户下单成交。同时还需要留意下单用户对产品的评价，毕竟他们的真实体验对之后将要购买产品的用户会有很大的影响。

简而言之，在确保有大流量的同时，我们还要保障质量。如果能够实现这一步，那么当我们通过各种运营方式来引导用户、留下用户，最后转化成用户对产品进行付费、持续付费甚至带动其他用户付费等行为，效果将事半功倍。

11.2 选品：产品选不对，努力都白费

11.2.1 了解产品生命周期以及应对措施

了解产品的生命周期，制定合理的运营方案，可以最大化地延长产品的生命周期。具体来说，一个产品的生命周期可分为萌芽期、初创期、成长期、成熟期、衰退期、消亡期六个阶段。

同时，针对产品有限的生命周期，我们需要想好一系列对策。首先，从产品开发角度来看，产品的价值（质量评分和属性、功能、款式、材质、价格、服务）影响了产品的需求，产品的需求量影响了产品的供给量，其中产品的价值竞争和价值的稳定性、替代性、接受性、适应性（客户的使用爱好）又会决定产品生命周期的长短以及高度。这意味着我们在不同的阶段要选择不同的战略操作。

1. 萌芽期

即产品上线前所处的设计过程。这个时期产品运营人员需要清楚产品的定位以及目标，应当在产品设计的过程中介入，提出优化建议，做好后期产品运营准备。

2. 初创期

即产品上线，处于内部测试阶段。这个时候产品运营人员应该通过各种手段获取初始用户、培养种子用户。常见的新品线上活动有0元试用、半价促销、微淘盖楼抽奖等，即通过让利和吸睛的玩法来吸引用户。在这个阶段，产品运营人员的主要目的在于收集用户行为数据和相关的问题反馈，与产品策划人员一起分析讨论，进行产品优化。

萌芽期和初创期需要对产品多加关注，统计分析上架后的各种数据，并不断优化，确保在后期有更好的表现。

3. 成长期

即需要持续经营以获取用户的产品爆发期。产品要"爆"，线上活动的策划是必不可少的一部分。产品运营人员应该借助各种资源（节点大促活动、微淘、客服聊天框和主播直播间等）进行线上推广，开展各项新品活动，加快用户与收入的增长速度。在成长期还需加大投资以优化产品前期用户反馈的问题，扩大市场，扩大销量，跟踪市场，同时研究竞品销售策略，进行改变。

4. 成熟期

即用户和收入渐趋稳定的时期。这个时期同类产品增多，竞争激烈，销量开始慢慢减少，价格也会越来越低。此时产品运营人员应当借助各种渠道和促销方式吸引更多的用户，提高转化率，保障用户稳定和收入稳定。

成熟期需要稳定市场，如果遇到瓶颈，就要开拓新思路，让市场占有达到最高值。当销量增长率开始降低及趋于稳定时，就可以准备开发新产品，做好现有流量的承接和之后的变现。

5. 衰退期

即用户和收入逐渐衰减的时期。这个阶段产品的销量和价格都开始下降，用户的流失加剧，用户活跃度呈明显下滑态势，同时营收贡献也急剧下降。这个时候我们应减少投入，主推新品，产品运营人员则应当更多地关怀用户，并将已有的用户导向新品。

6. 消亡期

即产品完成最终使命的阶段。产品运营人员应该做好后续工作，清库存，更新新品，承接用户。

简单来说，就是选对产品、上线推广、吸引用户、维护用户，在产品进入滞销期前，要有新的产品能继续接上，然后引导用户进行转移。

11.2.2　了解产品特点

1. 季节性：根据时间决定推广进程

淘宝产品类目众多，从季节性这个角度来说，只分为两大类目，即非季节性类目和季节性类目。两种类目大不相同，运营思路也不同。

（1）非季节性类目：如电脑、建材、家具、五金电子，以及标品等绝大部分产品都属于这种类目。

与季节性类目相比，这种类目的流量一年四季都很稳定，但同时也更难操作。操作的难点就在于，它不像季节性类目一样可以依靠行业的涨势而涨，而是直接与竞争对手竞争，这意味着需要投入更多的资金，而且这种类目通常都以销量为王。

非季节性类目下的大部分商品同质化严重，因此在对这一类目进行描述和设置时，我们可以通过差异化凸显产品的特性。

①外观差异化

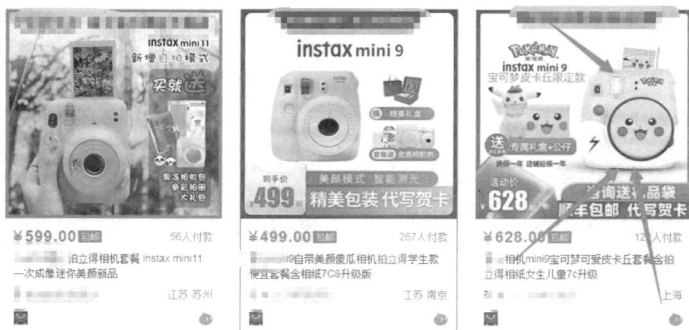

图11.2.1　外观差异化

如图11.2.1所示，三款均为淘宝商家所售的拍立得，第一款宝贝和第二款宝贝给人的第一印象是看起来只有颜色差别，而第三款宝贝就特别抢眼，"萌萌哒"（网络词汇，指"萌萌的，可爱的"）皮卡丘形象和亮黄色的机身给人以很强烈的视觉冲击。可爱的外形搭配强烈的色彩也会更容易吸引女性消费者的目光。

②功能差异化

如图11.2.2所示的几款衣柜，分为推拉门衣柜和对开门衣柜，内部有隔板、抽屉、挂衣杆等设计，不同的组合衣柜的空间利用率也不一样。推拉门衣柜节省空间，对开门衣柜打开时则显开阔，不过打开柜门会占用空间，因此不太适合紧凑户型。从图三、图四的内部结构来看，图

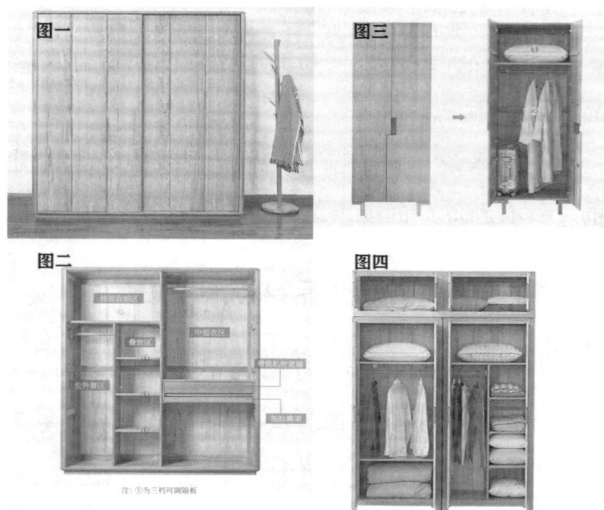

图11.2.2　功能差异化

四的衣柜在设计上更节省空间，适合居家使用，但同时用材较多，价格也会较高；图三的衣柜在设计上则比较适合酒店，储物少，简洁大方，而且用材少，价格也较低。

综上，产品不同的功能对应不同的用户群体，因此运营阶段需注意用户群体，精准推广。产品的差异化设计也有利于商家在淘宝同类产品的竞争中脱颖而出。

（2）季节性类目：指具有淡旺季特征的类目，如农副产品、夏凉商品、冬令商品等都为季节性产品。

季节性产品分为两种类型：

①单峰型

这类季节性产品在一个销售周期内一般只有一次销售高峰。它又可以分为三种情况：第一种是产品在销售高峰期时价格上涨，在销售低谷期时价格下降，如服装；第二种是产品在销售高峰期时价格下降，在销售低谷期时价格上涨，如蔬菜、瓜果；第三种是产品在销售高峰期和销售低谷期时，价格均无变化，如雪糕、冷饮。

②双峰型

这类季节性产品在一个销售周期内一般能两次达到销售高峰。比如空调、冰箱，在冬季和夏季是销售高峰，在春季和秋季则是销售低谷。

季节性产品的成本也是不固定的，所以定价不能统一，季节性产品的销量根据需求呈规律性的波动；同时，季节性产品不能大量储存，需要适量备货，即产即销。所以季节性的产品需要根据市场需求的波动性制定多重销售价格。对于多重定价，需要从淘宝后台获取大量历年数据，既包含自己店铺的数据，也需要获取同行的数据，根据这些数据和近期数据的波动情况综合分析，制定不同时期的产品价格。

另外，季节性类目对运营时间节点的要求比较高。一般来说，这种类目分为流量上升期、流量爆发期、流量衰退期。而这种类目主要的操作时间是在流量上升期。这个时期产品运营人员需要通过一系列措施提高产品销量，维护产品评价，减少售后问题，大力推广。做好基础操作之后，行业的流量上涨，你的流量也会跟着上涨，而不是跟其他商家抢流量。越晚去操作，获取流量的成本将会越高，推广费也会逐渐增加。因此，前期要保持销量增长，点击率和转化率要保证不低于行业均值。

只要你在流量上升期做好基础销量和权重，就能在行业流量上涨时跟着上涨，获取一定的流量。越早预热，产品起爆机会越大。这正是季节性类目的优势所在。

2. 明确目标客户群体

产品研发前，研发人员会进行大量调研，然后设计、生产产品，所以产品到了运营部，已经具备基本的人群定位。为了更好地发挥产品的价值，产品运营人员还需要根据产品情况做更多更细致的工作。

（1）产品上线前期准备

产品运营人员需要了解产品的成本、售价、材质、人群等各方面的信息，通过这些信息，制定合理的推广方案，同时需要将产品信息和推广活动方案介绍给相关的销售人员，以便产品在运营中更加畅通。

（2）细分产品人群

虽然产品已具备基本的人群定位，但是想要更好地运营产品，在产品上线预售和现货销售的整个过程中，产品运营人员都需要关注产品流量、销售情况等数据，通过记录分析数据，为产品做更精准的定位。获取数据之后，我们需要将海量数据进行精细化分析。

需要注意的是，不同的客户来源会有不同的价值，有些有效，有些低效或者无效，而把店铺的UV价值最大化，就是产品运营的关键任务。UV价值最大化，需要收集分析大量行业数据，找到产品与平台对应的类目，只有在对应的类目做一系列运营推广措施，才能通过大量交易数据精准分析出潜在用户群体特质。具体分析对象可以参考如下数据：

①用户性别占比，年龄段占比。

②用户职业类型占比。

③用户下单区域占比（省份占比、线级城市占比等）。

④用户下单设备占比（PC、手机、安卓系统、苹果系统等）。

⑤客单价、访客转化率、询单转化率、购物车转化率、优惠券转化率等。

⑥售后问题、用户评价等分析。

通过以上的数据来源，加以分析，可以更精准地获取潜在用户群体特质。通过这些数据，将运营方案进一步优化，可以获得更好的运营效果。

11.2.3　了解产品痛点：对症下药，事半功倍

痛点是什么？痛点不是需求，而是需求以外市场未被满足的缺口。对于所有的淘宝、天猫商家而言，想要获得更多买家需求和认可，就需要抓住产品痛点。

那我们怎么找到产品的痛点呢？可以从三个方向入手：

1. 显而易见的缺点

显而易见的缺点指某类产品的缺点非常常见。譬如遮阳伞，女孩子使用得比较多，而女孩子日常使用的包包容量又比较小，那么她们可能就会希望遮阳伞的体积越小越好。在这种情况下，遮阳伞过大就是缺点。根据这一类需求，商家可以研发出体积较小的产品以满足用户需求，弥补市场空缺。同时还需注意的是，不同尺寸的遮阳伞会有不同的市场需求，不能因为要满足小体积需求的用户而放弃其他用户。

再例如，几年前智能手机电池续航过短是一个非常困扰用户的缺点，如果续航能够延长，将会给用户带来极大的便利。OPPO手机的广告语"充电五分钟，通话两小时"就很好地抓住了这个产品痛点，并大力宣传，取得了非常好的市场效应。

2. 隐藏式的缺点

隐藏式的缺点指产品的缺点并不好找，而且很多时候商家眼中的痛点和用户眼中的痛点并不相同。所以，遇到这种情况，商家需要调查用户对产品的真实体验结果，而不是商家自认为的缺点。

3. 多重式的缺点

多重式的缺点指某类产品的缺点可能不止一个，商家需要仔细研究探索，找到每个缺点并逐一攻破。

这里只列举了三种常见的情况，在真正的产品运营实操中，会出现更多样化的问题，因此产品运营人员在做出判断之前，需要做好前期工作，以取得好的结果。

11.3 产品定价：价格和价值之间的权衡

11.3.1 了解电商四种价格的基本概念

当我们给产品定价时，需要关注用户对价格的敏感度。当产品价格波动时，如果买家对价格敏感，就可以从产品销量观测到价格变化带来的影响。下面我们来了解四个关键的价格概念。

产品定价，可以理解为吊牌价，可以分为两种：一种是标品定价，另一种是非标品定价。标品是指具有统一市场标准的产品，一般会有明确统一的规格、型号或者产品款式，例如书籍、数码设备、电器等。标品的吊牌价即为市场销售价。非标品没有统一的市场标准，也没有统一的规格、型号，例如服饰鞋包、家居日用品等。非标品的吊牌价非市场销售价。如图11.3.1和图11.3.2所示，大家可以有一个直观感受，标品的售价即为吊牌价，在促销时稍微有一点降价幅度，而非标品的吊牌价则与售价差别较大。

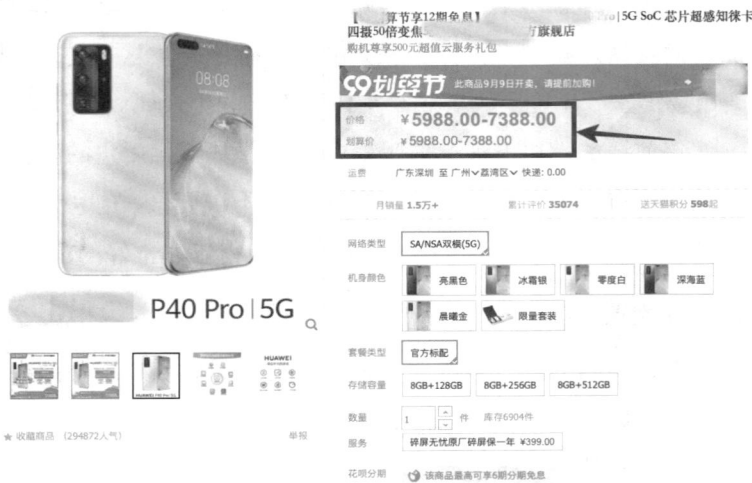

图11.3.1 标品示例

图11.3.2 非标品示例

日常售价，即不做任何活动时的产品销售价。

日常活动价，即日常聚划算、淘抢购、节假日活动等非特大型活动设置的售价。

大促活动价，即类似于"618""双11""双12"这种特别大型的活动设置的活动售价。

运营人员首先需要了解这四种价格的概念和基本情况，然后根据成本、市场、推广规划、盈亏规划再倒推这四种价格是如何制定的。

一般来说，对于标品，如数码电器，其定价主要根据品牌、性能、市场等因素制定。对于一些小客单的标品定价，我们还需要注意一些特殊情况。例如图书类目，一些稍大型的大促活动会要求产品活动报名时价格应为定价的五折，我们在定价时就需要考虑，五折再加上满减优惠之后，产品的成交价是否会导致亏损。

对于非标品的产品，一般来说利润空间比较大。例如服装的价格制定，需要考虑品牌、季节、产品生命周期等因素，特别是时尚类产品，一般上新促销折扣比较小，大促活动的价格也会根据产品的生命周期设定，在反季、过了流行阶段时才会进行大力度清仓等活动。

总之，了解产品特征、平台活动规则、往年产品销售数据等信息，都有助于我们更精准地为商品定价。

11.3.2　触达用户心理定价

通过前文所述我们可以了解到，给产品定价是一件值得琢磨的事情，不能随意而定。定价之前，我们需要先了解网上同类有销量的产品定价所根据的规则是什么，不同的定价会产生怎样的销量，经过数据分析再来反观自己的产品定价需要遵循什么样的规则才会产生更好的销量。

在淘宝App搜索一款商品时，我们经常会看到产品售价是"19""129""19.9"等以"9"为结尾的标价。在看到这种价格的时候，多数人会觉得比较优惠，这就是尾数定价法。如果我们在核算好成本之后，认为这个产品的售价定为400元会有一定的利润，那么将最终的定价定为399元会比400元更让客户有购买的欲望。另外，如果售价为两位数，可以将"9"放在小数点的后一位；如果售价为三位数以上，产品定价则不需要小数位。例如，将一台电脑的价格定为3999元会比3999.9元的效果更好，因为高客单价带小数位会让这个价格显得过于累赘。

品牌效应、成本等情况也会对产品定价产生影响。一些常用的产品在客户心里已经有了一个价格范围，此时我们就需要根据市场情况来进行定价。例如普通玻璃水杯的成本大概在5~10元之间，如果定价为50元，价格就显得比较夸张，会让客户难以接受。同时，如果是具有一定知名度的产品，可以将其价格定为几百元，切忌仅定为几十元，因为定价过低可能会让客户觉得这款产品不能彰显他的身份，而且客户也会因此怀疑产品的真伪。合适的定价会让客户买得满意，客户满意，产品才会有更好的销售前景。

11.3.3 根据产品生命周期，制定不同售价

通过前面两个小节，我们已经基本了解了产品应该如何定价。当然，线上商品的价格除了有日常价和活动价的区别，也会根据商品的生命周期进行调价。那么根据产品生命周期我们该如何定价呢？下面来分析一下。

在产品投入市场之前，商家需要对产品在销售过程中所产生的各种成本进行核算，这样才能制定比较合理的售价，如果没有进行全面考虑，上线后就可能成了"赔本赚吆喝"。在制定售价时，我们可以根据一个公式来核算销售成本：

商品销售成本=生产成本+推广费+快递成本+平台扣点+其他费用（研发、人工、营销等）

确定好销售成本、客户心理预期销售价格，制定合理价格之后进行上线跟进，根据市场反馈情况，我们便可以得出一个比较准确的结论。

在产品上线前期，根据不同的销售方案，有些商家会开展一些活动，例如五折尝鲜价、买赠、附加售后服务等，以此来给新品增加更多曝光量，也可以让新品尝鲜的客户给予产品优质的评价。新品阶段过后，产品售价将会稳定一段时间，这时掌握好日常售价、活动售价的节奏即可。在产品进入竞争比较激烈的时期后，产品销量可能会因为市场同类产品的冲击而有所下降，此时我们需要根据市场情况拟定价格调整策略。在产品进入衰退期时，我们则需要对产品进行清仓、低价促销，这时新品应早些投入市场，承接好前期流量，进而变现。

产品定价关乎产品的生命周期，也关乎商家是否能赚取足够的利润，所以一定要重视。按照本节所讲的内容为产品定价，实际操作起来，你会发现这一过程并没有你想象中的那么难。

11.4 手把手教你打造爆款

11.4.1 爆款能带来什么

什么样的产品可以称为爆款？爆款能为商家带来什么？为什么很多商家会打造店铺爆款？

从表面上看，爆款可以带来很高的销量，创造好的收益。更进一步分析，我们可以发现爆款的作用远远不止这一点。爆款是比较单一的，可复制性也比较强，如果

店铺只靠一个爆款在支撑，一旦出现强劲对手或者供应链不稳定，店铺就很容易倒闭。所以，店铺要发展生存下去，就需要挖掘爆款带来的价值，更充分地发挥爆款的作用。

客户在淘宝搜索所需产品时，一般会搜索产品关键词，销量越高、评价越好的产品排名就会越靠前。所以，如果某一店铺有爆款，它将能比其他同类店铺获取更多的流量。

爆款除了本身销量比较好外，还可以带动相关产品的销量。因此，我们可以将爆款产品和相关产品组合搭配做优惠套装，也可以将相关联的产品搭配一起销售。例如，当一款床成为爆款之后，其所关联的床垫、床头柜、衣柜、梳妆台等产品，甚至其他家具都同属一个风格，就都可能会成为客户的优先选择。同时，爆款的产品也会带动客户的二次购买，并分享给他们的亲朋好友。如此一来，爆款所带来的收益就非常可观了。在这个过程中，我们需要更加注重爆款的品质以及对客户的服务，只有打造良好的口碑，才可能提高店铺的销量和好评率，对店铺的长远发展产生良好影响。

因此，很多商家都会主推一款产品，一旦做成了爆款，也是在推动整个店铺的发展。

11.4.2　酒香也怕巷子深：广告打出去，产品销出去，服务要到位

有了好的产品，我们还需要依据产品自身的特征来运营产品，不然，再好的产品，没有销售渠道、没有曝光，也将是废品。在推广产品的时候，我们需要注意四个关键点：掌握生命周期；监控流量数据和做好数据分析，及时调整；关注客户评价，监控产品品质；做好客户回访。下面我们就来对这四个关键点逐一进行讲解。

第一，打造爆款时，一定要提前研究好产品的生命周期。

一款产品在进入市场之后，它所带来的销售额和利润不是一成不变的，而是会随着时间和市场竞争情况而变化的。例如服装这类应季产品，刚上市时价格会比较高，活动力度也会比较小，过季之后产品销售额和利润都将会少很多。

一般来说，爆款所带来的销售额和利润会先呈现一个上升趋势，然后平稳发展一段时间，最后呈现下降趋势。所以我们一定要注意产品的生命周期，什么时候是产品流量爆发期，什么时候是稳定期，什么时候需要更换新品。例如，在销售考证类书籍时，我们需要注意该类考试的报名时间、考试时间以及官方教材的出版时间，还需要搜集上一年的销售数据，如关键词搜索起量的时间、销售高峰期、回落期、日常展现量、高峰展现量等。掌握这些信息之后，我们还需要知道淘宝有一个重要的上

架规律——"七天螺旋法则"。根据这个法则，我们可以了解到，产品在刚刚推出的时候，销量是呈周期性增长的，并不是立刻到达高峰期。所以对于以上所说的考试类书籍也好，应季性产品也好，我们需要提前两周推出产品，这样才能将产品的成熟期与市场的热卖期重合，达到相辅相成的效果。"七天螺旋法则"还可以运用在大促活动上，例如在活动预热前期的前两周就上架新品，做好新品的销量和评价以及基础工作，那么这个新品在活动期间也将会有比较好的表现。

对于常销的产品，一定要分析往年的销售数据或者竞品的销售数据，然后根据产品的销量趋势去打造爆款。切忌不依据数据盲目打造爆款。根据产品的生命周期制定合理的销售方案，推出产品，才能更好地打造爆款。

第二，产品上架后需要监控流量数据、做好分析，及时调整。

俗话说，"不根据数据做出来的判断都是要流氓"。实践才是检验真理的唯一标准。从产品上架推广开始，这场"没有硝烟的战争"就已经打得热火朝天了。运营人员需要每天登记相关数据，如流量、访客数、成交额、推广花费、自然成交、竞品数据等，接着分析产品推广阶段的运营策略需要做出哪些调整。在观察分析数据的时候，切忌调整幅度过大，至少要根据一周的数据分析，再做适当调整。当然，如果需要临时调整，运营人员也可以根据实际情况去操作，例如需要结合线下活动做推广等其他特殊情况。

第三，关注客户评价，监控产品品质。

客户对产品的评价是最能直观反映产品的问题所在的。作为卖家，我们除了要关注产品好评率，还要认真分析新品推出后客户给出的每个评价，从客户的评价中收集信息，例如商品款式、商品材质、使用心得、物流速度、客服服务等。从这些角度入手，我们可以将产品的优势提炼出来，做成卖点，在主图或者推广图上展现出来，获取更多点击量；也可以整理产品的缺点，不断优化升级，让后续客户在使用过程中获得更好的体验，给出更多好评，这样产品的销量也会更好。

第四，客户回访。

为了拉近与买家之间的距离，加深品牌影响力的渗透，我们还需要做好客户回访工作。对客户的好评表示感谢，对客户的差评给予妥当的售后处理，这些不管是对于已购买的客户还是对于正在观望的客户来说，都是一个良好的体验。在这里我们给读者朋友们推荐一个名为"客户之声"的淘宝评价管理工具，非常有用。

当然，有实力的卖家售后服务会做得更好一些，例如电话回访、上门服务等。如果顾客买了某店的沙发，每年该店的员工还会上门给顾客的沙发做保养，这个时候顾客就会觉得所买的东西物超所值，可能还会在自己的朋友圈自发地为商家做宣传。对于商家来说，这种宣传又会为他们带来很多新的客户。

11.5　产品运营常见问题及解答

1. 产品推广需要注意什么？

需要注意产品属性、产品生命周期、平台大促时间节点、供货稳定性、产品品质、服务质量等。

2. 爆款产品在销售过程中需要注意什么？

（1）做好关联销售，提高客单价，提高流量转化。

（2）关注竞品情况，随时做好应对措施。

（3）关注产品生命周期，在进入衰退期前做好产品品种更新和流量承接。

3. 产品如何应对淘宝、天猫价格战？

价格战产品一般具备易复制的特性，选品前需做好市场分析，避免产品一上线就卷入价格战中，无法具有良好的销售前景。好的产品在价格战中，需具备"人无我有，人有我优"的性质。

4. 如何提高产品销量？

（1）关注竞品信息、销售数据，优化产品标题，适度调整推广计划，推广计划切忌大起大落。

（2）关注商品评价，对于优点可以提炼出卖点，多加展示；对于缺点，及时修正，或弱化缺点带来的影响。

（3）做好售后服务。

第12章

玩转内容运营，让你的店铺更有趣

本章导读

　　淘宝发展到今天，已经不再是发布商品、优化页面、等待订单的简单模式，淘宝店铺运营也不再是基于PC端的泛技巧运营，现在已经发展成以品质、内容为主线，穿插多媒体互动、品牌经营技巧等的经验模式。要想提高客户的下单率，必须做好内容运营。本章将从内容运营的概述、内容运营的方式与形式、如何做好内容运营等方面来带你玩转内容运营，让你的店铺更加丰富有趣，从而留住客户。

12.1　内容为王：做好内容运营，抓住客户眼球

12.1.1　内容运营是什么

内容运营，是指运营者通过各个渠道以文字、图片或视频等形式将产品呈现在用户面前，并达到激发用户参与、分享、传播效果的完整运营过程。内容运营的目的，就是向大众更好地展示产品形象，进而凝聚用户，营销用户。

随着淘宝的不断发展，产品种类越来越多，众多商品不可能都被人所熟知，为此手淘推出了许多信息板块，比如"必买清单"以文章的形式为消费者提供优质的产品。这不仅方便了客户寻求适合自己的产品，更建立了品牌与顾客之间的关系，以及顾客之间的联系，并最终促使他们购买产品。

内容运营的核心有三点：

1. 针对受众人群，持续制作、编辑、推荐产品信息。
2. 根据KPI设计，对用户获取内容的成本进行提高或降低。
3. 协助网站或产品达成获利目的。

12.1.2　做好内容运营很重要

随着无线购物和碎片浏览的趋势渐强，线上店铺运营不再是传统的基于PC端的技巧运营，而是已经发展成以品质化、内容化为主线，穿插多媒体互动、合理化产品布局、品牌经营技巧的运营模式。淘宝内容现在越来越丰富，淘系电商平台已经处于增量市场的末期，甚至已经由增量市场转至存量市场。

作为平台端，我们需要考虑的是用户最愿意把时间花在什么地方。如今各大消费平台不断崛起，谁能吸引用户的眼球，占据用户的时间，谁就可以获得更多的商业价值。也就是说，你的内容可以吸引住客户，你就更有机会获得客户的青睐。

因此，在这个内容为王的时代，如何把握客户的心理、抓住客户的眼球变得越来越重要了。为了适应当今数字媒体和社交媒体的发展，保持与客户的对话，商家都需要持续不断地提供新鲜的内容。

12.2 内容运营的形式和方式

12.2.1 内容运营的形式

内容运营是内容电商、网红电商运营的核心板块之一。从内容形式上来看，内容运营主要分别为图文、视频和直播三种。

图文的形式是最多的，例如淘宝头条、必买清单、有好货、达人推荐等，多是以图文的形式出现。整篇文章一般会围绕主题展开描述，在介绍的过程中穿插产品的信息。例如必买清单《记住这三点，春天衣物这样搭》一文中，分别从面料挑选、款式、色彩搭配出发，分析了春季应该穿什么样的衣服，每个要点分析后面都会加上推荐产品的链接，这样既有穿搭干货，又有产品推荐，使消费者更易接受产品信息，如图12.2.1至图12.2.4所示。

图12.2.1 图文示例（1）

图12.2.2 图文示例（2）

图12.2.3　图文示例（3）

图12.2.4　图文示例（4）

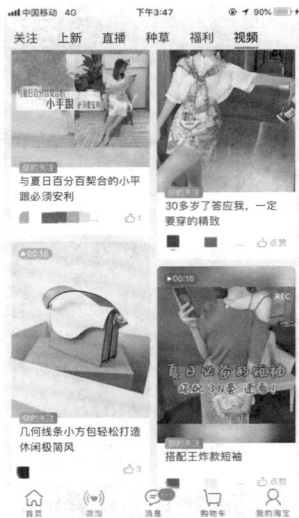

图12.2.5　产品短视频

随着互联网短视频App的发展越来越火爆，淘宝现在也大力推行短视频，如图12.2.5所示。短视频时长不一，也没有限制产品类目，各类产品都可以拍摄短视频。

一分钟或者几十秒的视频，其所能展示的产品信息其实是非常丰富的，尤其是一些使用方法比较复杂的产品，短视频会非常直观地把产品特性、使用方法等展现在消费者面前，例如家具的安装、电器的安装和使用等。现在很多消费者在选购商品的时候，看到视频一般都会选择点击播放，如果恰好是他们所需要的，那么他们下单的概率会大大增加。

除了展示产品信息，短视频还可以增加用户与产品的接触时间。与单纯的图片相比，消费者在视频上停留的时间会长一些，这样也就增加了用户了解产品的时间，而不是一眼划过。短视频通过对卖点的突出展示，打动消费者，进而提高购买率。

近几年直播异常火爆，淘宝平台也适时推出了淘宝直播，借助直播的形式来帮助商家销售产品，如图12.2.6所示。

淘宝直播卖货效果的好坏，主要取决于主播的粉丝群体和主播直播时的感染力。另外，在直播的过程中，商品的优惠力度也是非常重要的，比如主播在介绍产品时，若能同时给出直播间下单的最大优惠，就更能吸引

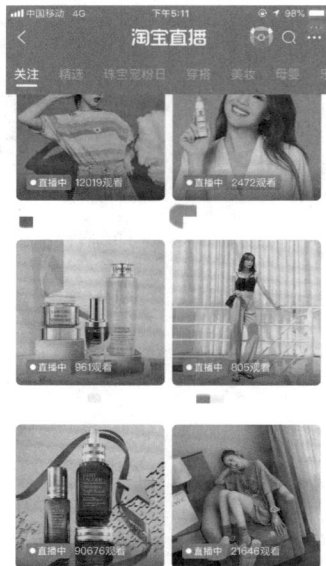

图12.2.6　淘宝直播

消费者购买了。在直播中，所有输出的内容都需要围绕核心标签进行认知构建，核心标签会帮助主播快速确定自己的定位，这也就需要主播对用户需求及产品的自身价值进行深度了解，产生的粉丝才会具有跟随性。

12.2.2　作为商家，我们可以这样进行内容运营

很多商家会有这样的疑问：现在淘宝大力推广内容运营，作为商家应该如何去做好内容运营呢？现阶段，众多商家采用的运营方式主要是直通车、钻展、淘宝客等，这些方式相对单一直接，可以为店铺宝贝直接带来访客。但是很多商家尤其是中小卖家，他们可能并不具备产出优质内容的能力，不像一些大品牌商家可以注册账号聘请专业写手来运作。那么，对于众多中小卖家来说，可以如何进行内容运营呢？

1. 可以自行申请账号发布内容来宣传自己的产品。后期可以申请开通发布渠道，例如有好货、必买清单等；当将内容发布到这些渠道时，都能为商品带来一定的流量和成交量。

2. 如果没有达人账号，就可以寻找达人进行合作。在阿里V任务上，可以联系相关的达人，发布和产品相关的内容，为店铺产品带来流量，如图12.2.7所示。

图12.2.7　达人合作

3. 可以使用店铺账号登录"阿里·创作平台"，先从发布微淘开始运营。账号经过积累后，系统会开放一些公域渠道给商家，这也是现在绝大多数中小卖家都在走的一条路。

12.2.3　什么是公域与私域

做内容运营经常会听到两个概念，就是公域和私域。那什么是公域，什么又是私域呢？

公域，是指可以看到你店铺宝贝的一个公共区域，例如淘宝头条、有好货、必买清单等，手淘首页的热门渠道板块也属于公域渠道。

私域，是指关注到你的商品以后才可以看到商品信息的区域，例如收藏夹。内容方面的私域，一般是指微淘。用户可以在手淘客户端的微淘板块下，通过关注微淘查到宝贝的相关信息。

12.3　淘宝达人：智者当借力而行

12.3.1　什么是淘宝达人

淘宝达人，是指淘宝网上对相关领域有专业认识的、乐于购物和分享的一群人。他们是活跃在淘宝上的"本土明星"，爱挑、会买、爱分享购物心得，而且拥有一批专属的粉丝——时常关注淘宝达人们的动态。由于淘宝达人的一举一动会对淘宝上的流行趋势产生一定的影响，而且其背后有无数的粉丝做后盾，因此一些商家喜欢找他们为自己的产品代言，利用达人的"粉丝效应"来推广自己的产品。

成为淘宝达人，不仅拥有淘宝最高VIP级别，可以享受最多优惠的折扣，申请每个月的免邮政策、新品试用，还拥有个性首页、个性域名，以及旺旺头衔、旺旺名片等明显身份标识。

淘宝达人针对淘宝的热卖商品有五种不同的分类，分别是美容达人、服饰达人、家居达人、母婴达人和数码达人。

12.3.2　如何注册开通淘宝达人

只要你在淘宝上爱购物、会挑选、有鉴赏力，同时乐于分享，乐于帮助别人，愿意通过自己的购买经历和网购知识帮助别人买到最合适的好商品，那么就可以在达人馆申请成为淘宝达人。申请成功的达人，其阿里旺旺的右边会有达人标识。如上文所说，商家可以通过申请达人账号发布内容来为自己的店铺引流。

那么，如何注册开通淘宝达人？

1. 注册淘宝达人需要具备的基本条件

想要成为一个淘宝达人，给其他买家提供参考，你需要具备以下四个条件：

（1）热爱淘宝，喜欢购物。

（2）有丰富的购物经验。

（3）时尚有品位，可以挖掘到当下最热门的单品。

（4）品牌知识面广，可以挖掘到很多一般人不知道的品牌好货。

具备以上四点，就可以在"阿里·创作平台"上申请淘宝达人。

2.　注册淘宝达人的流程

（1）打开网址https://daren.taobao.com，登录淘宝账号，如图12.3.1所示。

图12.3.1　登录账户

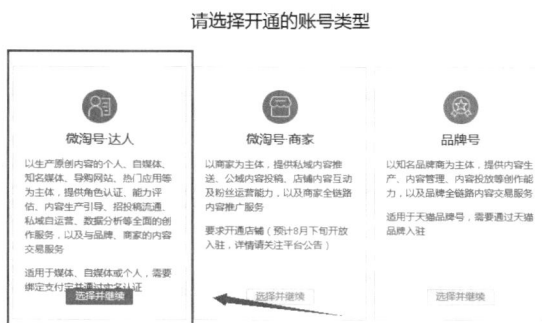

图12.3.2　选择类型

（2）登录后选择要开通账号的类型："微淘号·达人"，如图12.3.2所示。

（3）完成图中的绑定及实名认证等操作，点击【下一步】，如图12.3.3所示。

图12.3.3　绑定与认证

（4）填写账号信息和联系人信息，如图12.3.4所示。需要大家注意的一点是，在设置账号名称的时候，要先想好自己是要往哪一个领域发展。注册时的领域、账号名称、简介和账号头像等信息，都需要事先做好规划，因为这些信息在注册之后是不可更改的。当一切信息确认完毕之后，点击确认开通即可。这些信息就相当于给你的淘宝店取名字，不同的是淘宝达人的名字和简介等信息在确定之后不可以更改。

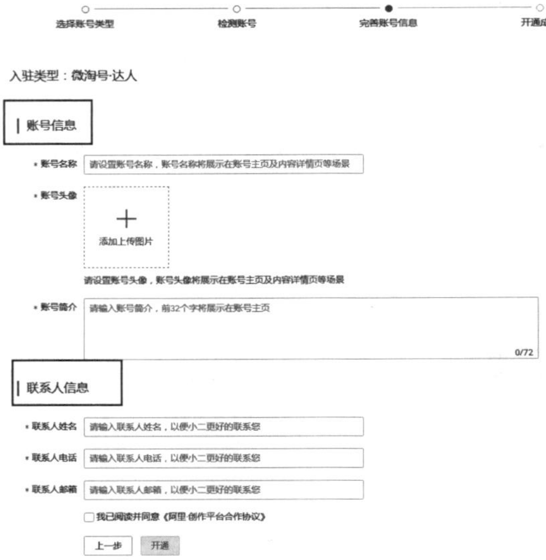

图12.3.4　填写账号信息和联系人信息

（5）信息填写完成后，点击【开通】，会弹出开通成功的界面，如图12.3.5所示。

图12.3.5　开通成功

（6）登录后进入淘宝达人首页，即可发布消息。

12.4　微淘：单点突破，找到机遇引流量

12.4.1　认识微淘

微淘是手机淘宝衍生的重要产品之一，其定位是基于移动消费领域的入口，在消

费者生活细分领域，为其提供方便、快捷、省钱的手机购物服务。简而言之，微淘可以看作是淘系版本的"微博"，只要是对店铺产品感兴趣的用户，都可以直接关注，接收该店铺的相关产品信息推送。

微淘的核心是回归以用户为中心的淘宝，通过订阅的方式，让每一个用户获取自己所关注的账号和感兴趣的领域的相关信息和服务，与运营者产生互动。可以说，微淘在现有的店铺和宝贝之上构建了一个可流通的信息层。

微淘的类型有店铺上线、好货种草、洋淘秀（原买家秀）、主题清单、粉丝福利等。商家每天可以发布5条微淘内容，类型不限。

为了让商家能够更好地进行店铺粉丝运营，现在微淘商家号层级共分为6级，每一等级权益不一。等级越高，权益越多。微淘商家号层级标准如表12.4.1所示。

表12.4.1　微淘商家号层级标准

微淘商家号	内容力：周主动发微淘	粉丝力：粉丝基础	粉丝力：粉丝活跃率	导购力：店铺成交能力
L6-每周三晋级	≥1	≥100万	≥3%	年成交额≥1亿
L5-每周三晋级	≥1	≥10万	≥3%	年成交额≥1000万
L4-每周三晋级	≥1	≥1万	≥3%	年成交额≥100万
L3-每周三晋级	≥1	≥1万		
L2-每周三晋级	微淘采纳≥1			
L1-报名任务晋级	≥1			
L0	≥1			

L0：正常开店商家。

L1：微淘保持一定活跃度的商家，周主动发布微淘≥1条。（L0晋级L1必须参加微淘商家种草上新任务-L0）

L2：微淘保持一定活跃度的商家，具备内容运营能力，即具备发布优质内容能力，内容被微淘采纳≥1条。（L1晋级L2必须参加微淘商家上新/种草/福利成长任务-L1）

L3：微淘保持一定活跃度的商家，具备一定粉丝基础，即店铺关注粉丝数≥1万。

L4：微淘保持一定活跃度的商家，具备一定的粉丝运营能力，即店铺关注粉丝数≥1万，粉丝活跃率≥3%，年成交额不低于100万元。

L5：微淘保持一定活跃度的优选商家，即具备较好的私域成交能力，具备十万粉丝规模，粉丝活跃率≥3%，年成交额不低于1000万元。

L6：微淘保持一定活跃度的优选商家，即私域成交标杆商家，具备百万粉丝规模，粉丝活跃率≥3%，年成交额不低于1亿元。

微淘账号层级的提升，目前主要依靠四个指标：内容力、导购力、粉丝规模、粉丝活跃率等。

1．内容力（周主动发微淘）：每周主动在微淘发布1条以上的内容。

2．导购力（店铺成交能力）：过去365天的店铺成交金额。成交金额越高，说明成交能力越强。

3．粉丝规模：店铺累计的总粉丝数。粉丝数越多，粉丝规模越大。

4．粉丝活跃率：粉丝活跃率=最近7天微淘粉丝活跃数÷店铺总粉丝数。粉丝活跃率越高，说明粉丝运营能力越强，粉丝黏性越高。

12.4.2　如何发布微淘

微淘内容有很多种表现形式，在"阿里·创作平台"可以直接看到各种形式的微淘内容，商家根据自身店铺的情况选择适合自己店铺的微淘直接编辑发布即可。

以店铺上新（将30天内上架宝贝的相关卖点、特点等告知粉丝，同时可通过添加互动，帮助提高新品转化率）为例，给大家介绍如何发布微淘。

1．登录"阿里·创作平台"，点击【发微淘】—【店铺上新】—【立即创作】，如图12.4.1所示。

图12.4.1　发微淘

2．店铺上新分为上新、预上新、单品上新三类。以单品上新为例，按照图12.4.2，编辑相关信息。

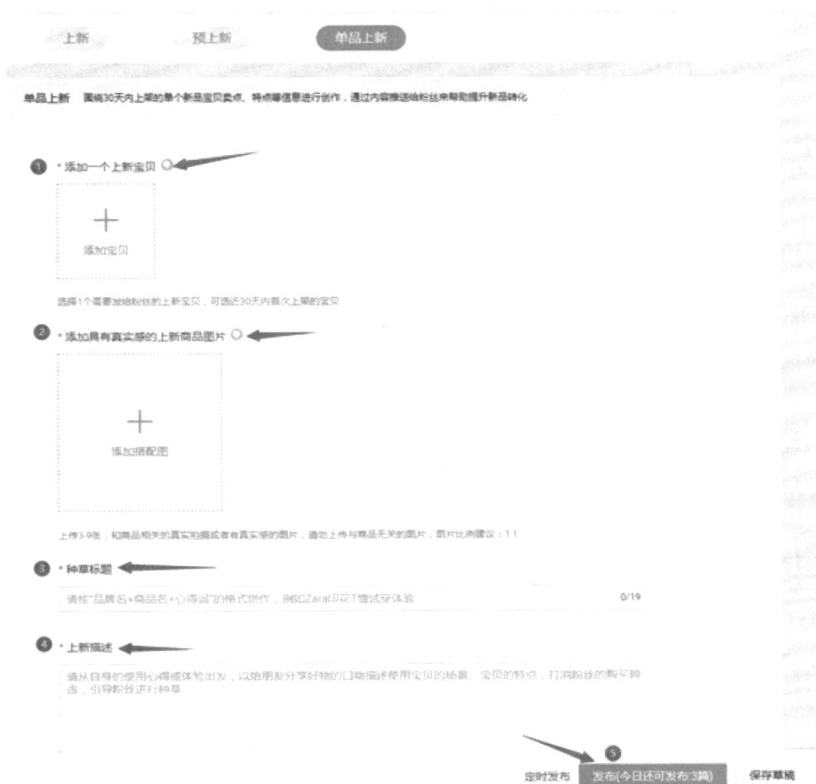

图12.4.2 编辑信息

3．信息确认无误后，点击【发布】即可。

微淘是专为商家打造的、用于与粉丝直接接触的平台，因此商家需要通过优质的内容来吸引粉丝用户。虽然微淘不同于直通车、钻展见效快，而是需要慢慢积累，但是我们在进行内容运营的时候，不能忽略了微淘的价值，应坚持每天发微淘，提高产品的复购率。

12.5 问大家：提升转化的利器

12.5.1 什么是"问大家"

手淘"问大家"是淘宝针对店内商品推出的一项在评论区询问商品相关问题的买

家互动功能。买家在购买商品的时候可以通过"问大家"来了解产品的信息和使用过程中所需要注意的一些问题。在提问者提问后，系统会提示购买过此商品的买家来进行回复，买家可以通过回复来获得系统奖励的优惠券、淘金币等。

"问大家"位于宝贝评价的下方、详情页的上方，所以很容易吸引买家点击查看。很多买家把它当作第二种评价内容，因为"问大家"上的问题一般都会真实反映产品的使用情况，如图12.5.1所示。"问大家"评价的好坏，会直接影响买家的下单情况，所以这一板块同样需要引起商家重视。

图12.5.1　问大家

12.5.2　"问大家"的特点

1. 提问

无论有没有购买过产品，提问人都能够不限次数地在"问大家"进行提问。提问的问题也没有任何限制（广告、违规、黄赌毒等会被系统直接屏蔽的信息除外），可以不断地提问。

2. 回答

"问大家"的回答只能由主账号或者是已购买过宝贝且受淘宝系统邀请的人回答。目前发现的淘宝系统邀请规律是：喜欢回答问题的或回答过问题的人，淘宝系统会频繁地邀请其回答。单个问题可以回答5次（每次都不限字数）。而主账号可以无限次回答某个问题。

12.5.3　"问大家"的维护技巧

对于商家来说，做好"问大家"的优化非常有助于提高产品转化，因此做好"问大家"的维护是至关重要的。具体维护技巧如下：

1. 新品上架前把关于即将上架的这款宝贝的问题想好，问题要有针对性，能够直接打消有购买意向顾客的顾虑，包括宝贝质量、服务质量等一系列问题及回复方案。

2. 宝贝上架后第二天开始进行基础销量的操作。（充分利用老客户的"鱼塘"）

3. 安排人员进行提问。

4．购买行为产生以后，引导购买客户回答问题，回复的答案要与宝贝相符（要有自己宝贝的关键词及属性），字数适量偏多，这样做的目的是尽可能让淘宝系统把优质的回答置顶，有利于让其他买家一眼看见，消除他们对产品的疑虑，从而提高转化率。

5．在回答中可以适当添加2~3个宝贝标签词来加深顾客对宝贝的印象，可参考同行有转化率的优质标签。

6．商家也可以进行回答和提问，但是会显示商家标签。

7．不定期检查"问大家"的问题与解答，进行优化，对负面的恶意评价或与宝贝无关的问题进行处理。

8．对于恶意的提问和回答，可以与对方进行沟通，达不成共识的可以进行举报（打开"问大家"，找到问题，点开右上角"关注问题"右方的3个小圆点，点击"举报"），举报后会有3天的审核期，审核结果会通知商家。

9．商家是不能直接删除提问者的问题的，但可以与提问者进行沟通，达成共识后删除。提问者打开手机淘宝，在"我的淘宝"里找到"我的回答"，然后会显示"我的提问""我的回答"等，找到"我的提问"后点击"我不想问了"就可以隐去问题。

10．可以提出几个热度极高的问题，提问好了找游客或已购买过的买家跟评和提问（游客不能在提问者下直接评价，只能在回评下跟评），以提高转化。多些点赞，提高热度，就可以获取好的排名。

12.6　资源整合，业绩倍增

营销是促进店铺交易量的主要手段，淘宝站外资源的崛起对淘宝网店来说既是挑战，又是机遇。网店在做好品控、物流与客服等方面的工作后，还要学会合理利用现有的站外资源来进行店铺和商品推广。比如在社交平台上进行店铺产品的营销，对店铺的发展是有很大作用的。

要想利用好现有的站外资源，也就是社交平台，商家需要对不同平台的运作机制有所了解，才能把营销活动做好，扩大店铺的影响力。下面介绍几种常见的社交平台推广方法：

1. 微信

微信是目前最火的社交平台。它构造了一个基于人际关系的圈子，对熟人、老顾客进行营销非常方便，有利于提高店铺在顾客心中的存在感，进而提高店铺的销量。

要在微信进行网店营销，首先你需要有足够多的好友，可以通过导入手机通讯录中的朋友、附近的人等方法来增加微信好友，然后在朋友圈进行营销。现在，朋友圈不单单是大家接收信息和分享情感的重要平台，同时也是微商展示商品、吸引顾客的工具，因此经营好朋友圈尤其重要。朋友圈的内容会直接影响网店产品的推广效果，因此在朋友圈进行推广时，内容需要优质、独创、形式丰富，不能一味地只展示产品，需要适时加上时事热点话题、科普知识、笑话、买家好评等。

2. 微博

微博是"迷你"型的日志，当微博发出时，全球各地网友皆有可能看到。你可以在微博中获取粉丝，加大互动，将粉丝转化为买家，只要微博粉丝够多，经营得当，就能给自己的单品和产品带来惊人的流量和销量。你可以通过以下方法来吸引粉丝：

（1）紧跟时事热点吸引访客。

（2）利用便签提高曝光率。

（3）创造有价值的微博内容。

（4）保持微博的新鲜感。

你需要主动去关注转发和评论粉丝的微博，和粉丝进行互动，这样可以大大增加对方的好感，引起对方的注意。在拥有一定数量的粉丝之后，你就可以利用微博来推广自己的店铺和商品了。需要注意的是，在进行营销和推广时，要灵活地发布自己的广告，但不能一味地发广告，因为广告发得过多容易引起粉丝的反感。此时你需要站在粉丝的角度去考虑、分析，适时发布一些搞笑的图片或者视频来吸引粉丝围观。只有经营好微博粉丝，才有可能让对方转化为买家。

3. QQ

QQ也是商家宣传店铺的一个很好的途径。QQ在推广上有很多地方与微信相似，直接参考微信推广即可。你还可以多加一些QQ群，在群里聊天的同时推广网店，这可以大大提高网店的浏览量。QQ群是一种多人交流、互动及时和低成本操作的营销推广方式，因此，寻找优质的QQ群对卖家来说尤其重要。你可以通过QQ面板里的查找功能来查找目标群，也可以根据自己的产品输入关键词找到相关的QQ群，申请加入即可。加入后要关注群的活跃度，而且应把时间花在活跃度较高的群，这样才会有比较好的营销效果。

另外，你还可以通过QQ签名或者QQ的命名来进行店铺的宣传，这样当与他人进行聊天或者评论时，他们就能直接了解到你的店铺的相关信息。

4. 抖音

目前抖音与淘宝已经全面开展合作，这就标志着抖音将成为淘宝店铺新的流量入口。抖音短视频的带货能力非常强，越来越多的商家也开始在抖音上推广自己的产品。利用抖音实现店铺的推广，卖家应该怎么做呢？

（1）你可以在淘宝上将产品月销量提高以后，在自己的产品标题和产品主图加入"抖音同款"的字样，这样可以为产品带来更多的流量。在制作产品主图时，要注意主图的美观性。然而这种方法只能够让你在短时间内提高产品的销量，周期较短。

（2）申请注册抖音账号并且发布10个以上的视频，进行实名认证，就可以在抖音上开店。

（3）吸引粉丝。在抖音上只有吸引到更多的粉丝，才能够提高店铺商品的关注度。如果想让消费者喜欢自己所推广的产品，就必须把商品推广给更多的用户，获得更多粉丝的关注。在拍抖音视频的时候，你可以拍一些比较有特色的视频，充分展现产品的优势，也可以拍一些认同度比较高的视频，让大众都能够接受。

（4）包装账号。想在抖音平台上吸引人，你就需要打造一个受欢迎的营销号。首先，你需要对营销号进行定位，也就是你的视频的风格必须要确定，例如你销售的是生活日用品，就可以拍摄一些生活小技巧类的视频内容。其次，对自己的抖音号进行进一步的包装，把自己包装成一个真正有温度的营销人。

（5）提高曝光度。在拍摄好的视频的基础上，还需要提高视频的曝光度，只有增加了曝光度才能够吸引更多的粉丝。根据现在抖音视频的推荐机制来看，前期你可以通过刷赞这种方式来吸引粉丝，当系统平台确定视频比较受欢迎时，就会将视频推荐给更多的用户，从而让你获得更多的流量。

（6）借助热点炒作。每天都会有一些热点新闻，你需要将自己所销售的产品和热点新闻相融合，例如拍摄一些攻略性质的短视频，这些视频制作成本非常低，却能够让消费者在短时间内了解到产品的特色。

（7）付费推广，寻找相关抖音账号或明星、达人进行付费推广合作。这种方式见效快，不过成本相对较高。

12.7　内容运营常见问题及解答

1. 内容运营人员需要具备的技能有哪些？

（1）专业能力：掌握与所做工作内容相关的专业知识。

（2）内容输出能力：包括内容制作、编辑、管理能力。

（3）运营思维：懂用户，懂营销，善于把握用户心理。

（4）数据分析能力：通过对各指标的分析，不断优化内容。

2. 内容运营的四大过程是什么？

（1）内容采集和创造：最开始的流程，明确用户需求，确定内容的方向和定位。

（2）内容呈现与管理：包括标题、插图、排版和内容的选取。

（3）内容传播与扩散：确定内容的传播渠道和传播方式。

（4）内容效果与反馈：进行数据分析并对内容进行优化改进。

扫码立领
☆网店经营流程实战手册
☆主流平台运营模式解析
☆增长策略小讲堂

第13章

外部合作

本章导读

前文已为大家介绍了如何玩转淘宝站内流量，但是随着越来越多直播间的兴起，每个商家能分到的流量越来越少，因此我们需要考虑把站外的流量引进自己的直播间。如果站外有粉丝，就可以直接分享；如果没有粉丝，也可以通过和站外大V（指在抖音、微博等平台上获得个人认证，拥有众多粉丝的用户）合作来为自己的直播间引流或者带货。这也是我们本章要讲的主要内容：怎么寻找站外合作以及站外合作的流程和方法。

13.1　抖音合作

13.1.1　抖音合作推广的渠道及合作流程和方法

抖音寻找合作的方式主要有：（1）通过百度等搜索商务机构联系合作。（2）巨量星图找达人发布任务合作（如图13.1.1所示）。（3）通过抖音App私信联系商务合作。

图13.1.1　巨量星图

通过百度等搜索商务机构寻求合作时，对方一般会给你提供合作方式和一份价格表，你可以参考上面的方式选择最适合自己的一种合作形式。

从巨量星图平台寻找合作时，你可以把你的需求以发布任务的形式发出去，如果有达人觉得合适，他就会接受任务或主动联系你合作。

如果你觉得抖音上某个达人很适合合作，你可以主动私信去协商合作事宜。一般这些达人会告诉你具体的合作方式和报价，如果你觉得合适就可以达成合作或进行进一步协商。

13.1.2　抖音优秀案例

2020年4月1日愚人节晚上11点，新晋带货主播罗永浩在抖音完成了直播首秀。整场直播持续了3个小时，支付交易总额超1.1亿元，累计观看人数超4800万人，创下了抖音直播带货的新纪录。罗永浩带货清单总计23件，主要包括食品、生活居家用品、科技产品三大类。

这样的数据不禁让人羡慕，但是我们也要从罗永浩直播中看到以下两点：

（1）罗永浩的最终选品与公开招商时提及的品类基本一致：具有创新特性的数码科技产品、优秀文创产品、图书、家具杂货、日用百货和零食小吃。这也和他的科技人设基本相符。

（2）"低价"是罗永浩、李佳琦、薇娅等主播电商带货的共同策略。这能让观看直播的用户产生"买到就是占到便宜"的想法，刺激购买欲。

与这种热度很高的抖音大V合作带货无疑是一个很好的选择，而找好大V之后，如何让合作达到一个很好的效果也非常重要。

13.2 微信、微博合作

13.2.1 微博合作推广的渠道及合作流程和方法

如今是自媒体流行的时代，信息交互变得更加直接快捷。由于传播范围广、不受地域限制、具备较强的互动性和针对性等特点，新媒体营销已成为许多商家青睐的重要推广渠道。微博拥有大量的目标用户与巨大的潜在市场，因此与微博大V合作推广自然也成为商家的营销选择之一。

高质量的微博大V对于营销效果是至关重要的。那么，怎样才能找到高质量的微博大V呢？最重要的是要避开那些粉丝量靠"水军"刷出来的微博大V，与这种大V合作的效果就不甚理想。

关于如何分辨粉丝质量，这里我们来介绍两个小技巧：一是看该博主发微博时的粉丝活跃程度，如转、赞、评这样的互动多不多、评论中关于产品的好评度情况等。二是看该博主粉丝的粉丝数，如果该博主的粉丝的粉丝数量都是1，基本可以确定都是"水军"。

找到了高质量的微博大V，想要合作的话可以直接与对方展开私聊。很多博主的微博首页往往会留下工作联系方式，如邮箱、微信号等，这时就可以发邮件或添加微信号去详细讨论合作事宜。一般而言，这些博主都会有自己的一套合作流程，当然你也可以询问具体的合作方式。目前常见的合作模式有：按一场直播收费模式、纯佣金模式、"服务费+佣金"模式。

按一场直播收费模式是指只要主播为你进行了一场直播，不管卖了多少，你需要一次性向他支付一笔费用。这种合作形式现在比较少用，因为无法保证直播效果。如果遇到一些主播还在采用这种合作方式，你可以与对方进一步沟通，如没有达到预期的效果是否会补播一场。不过你需要有心理准备，如果第一场直播效果不理想，再播第二场也有可能很难达到预期效果。

纯佣金模式是指每卖出一单就按一定的比例来给主播计算佣金，这种方式是最有利于商家的。例如，你的一件商品最终成交价是100元，你和主播约定好的佣金比例是30%，那么你就要支付30元给主播。因为没有其他费用，又是按成交金额计算佣金的，所以这种情况下的佣金比例都相对比较高，此时商家应该衡量好自己的利润，提供自己所能承受的佣金额度。

"服务费+佣金"模式是与大V合作最常用的一种方式，一般需要先付定金，直播后再按成交情况计算佣金和剩下的服务费。像纯佣金的形式现在一般很少有大V会接受，他们更多是按照"服务费+佣金"的方式开展对外合作。

以上三种合作模式，大家可以根据自己的情况和接受能力去选择。

微信推广主要是与公众号大V合作，通过在公众号推文中插入广告或单独为产品发表文章的方式进行的。一般在公众号文末会有合作方式，也可以评论留言和私聊。具体的合作模式基本上也是上面三种，可以根据自身情况与运营者商谈。

13.2.2 经典传播案例

大家是否还记得papi酱的第一条广告拍卖？papi酱可以说是第一代通过短视频火起来的网红，在公开渠道上可追溯的累计播放量共计7.35亿次。微信和微博两大社交媒体成为papi酱影响力传播的主要平台，并且微博的开放性使得papi酱在仅有800万粉丝的情况下，在半年时间内收获了3.8亿次的累计播放量。

在一场所谓的"新媒体营销史上的第一大事件"中，papi酱的第一条广告以21.7万元起拍，2200万元落锤，足见微博合作的影响力之大，而与这种影响力大、粉丝黏性高的大V合作无疑能给自己的产品推广带来很好的效果。如果你能够邀请到像papi酱这样的大V进行淘宝直播合作，必定能掀起一波话题热度。

13.3 其他合作

除了短信推送、粉丝召回和站外私域拉新（如微博、公众号）等，阿里自身也提供了商家对接大V达人（也叫创作者）的一个平台——阿里V任务。

在阿里V任务中，平台一共为服务方提供了三种任务玩法，分别是商家任务、官方任务和品牌任务。

商家任务，是指由商家发起任务，服务方按照商家的要求制作内容，商家对内容进行付费。

官方任务，是指需求方在官方发布的主题下，报名服务方发布的报价并提出内容要求，服务方按照官方任务的要求和商家的要求产生内容，需求方针对内容进行付费。

品牌任务，是指品牌方可以向创作机构或者媒体发布以品牌营销为目的的多种内容类型或者多渠道的内容服务包的玩法，内容的需求方根据整体的内容服务进行付费。

三种玩法的流程和资金流向如下：

1. 商家任务玩法与流程

直接发布任务给创作者。

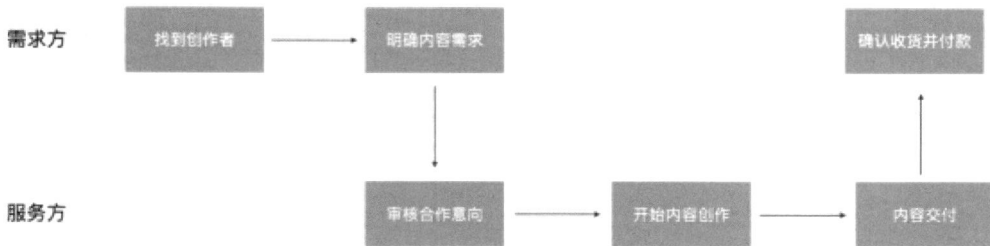

图13.3.1 直接向创作者发布任务

或者将任务发布到需求广场。

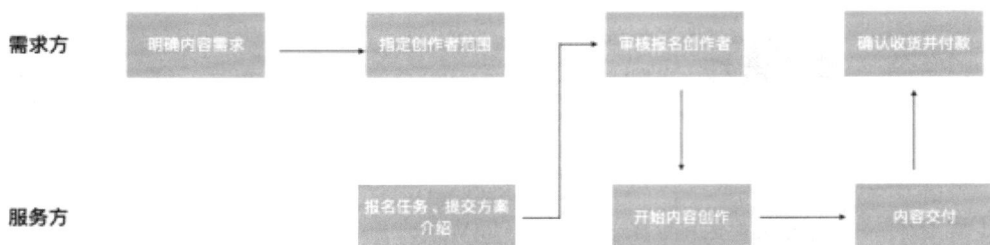

图13.3.2　发布到需求广场

2. 官方任务玩法与流程

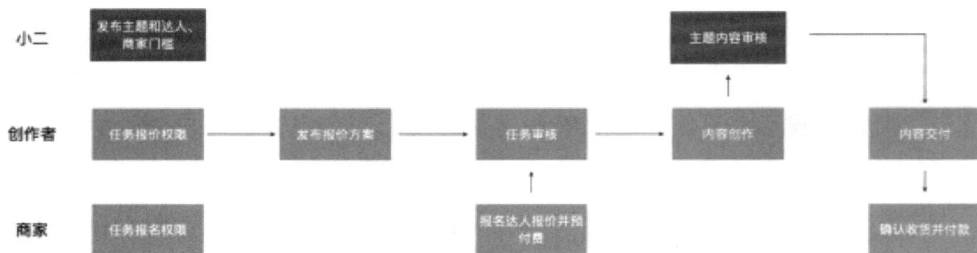

图13.3.3　官方任务发布流程

3. 品牌任务玩法与流程

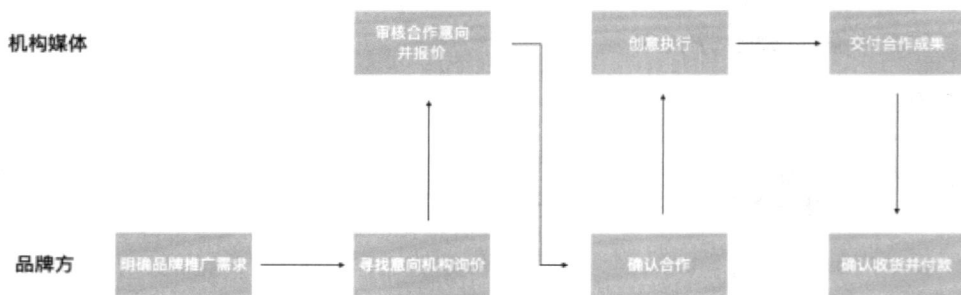

图13.3.4　品牌任务发布流程

简而言之，就是你可以以商家的身份在这个平台发布任务，或看到作为服务方的大V发布的招商任务并与之合作。

13.4　外部合作常见问题及解答

1. 有哪些外部合作平台？

现在最大的几个流量平台就是被大家称为"两微一抖"的微博、微信和抖音。微博日活量（每天的用户使用量）为2亿，抖音日活量为4亿，微信日活量为10亿，可见这其中的流量巨大，还有快手的3亿日活量也不容小觑。

2. 如何与这些平台的大V寻求合作？

首先可以直接去平台私聊合作，其次很多大V都有在主页留下工作联系方式，可以根据上面所留的工作联系方式去沟通合作事宜。然后还有抖音、星图学院、微信公众号等平台可以寻求合作，但是切记不要对网络上留下的信息照单全收，要善于甄别，因为对方也有可能是骗子。

3. 和大V有哪几种直播合作方式？

现在常见的直播合作方式有按一场直播收费模式、纯佣金模式、"服务费+佣金"模式三种。一般来说，有粉丝、有流量的大V都是采用"服务费+佣金"模式的合作方式，往往只有小主播为了攒人气才会选择纯佣金模式的合作方式；而按一场直播收费模式是在直播前收费，直播的效果无法保证。可以多观察该大V的实力后再决定你们双方的合作方式。

扫码立领

☆网店经营流程实战手册
☆主流平台运营模式解析
☆增长策略小讲堂

第14章

团队协作

本章导读

电商团队中包括了各种不同的岗位，明确分工可以提高工作的整体效率。各个不同职能的工作岗位互相协作，推动各项工作的进行。例如，某个商品数据下滑严重，排查后发现是因为商品与详情页面不符或存在歧义而导致差评，影响了店铺的信任度，降低了客户的购买欲望，这时候就需要客服、运营人员、美工等各个部门进行协作、修改完善，优化各个细节，从而改善这种情况。本章内容主要讲解电商团队中各个岗位之间应该如何互相协作，从而为企业带来收益。

14.1 客服管理及运营协作

店铺的销售额，是指在一定时期内商家所有交易状态为"交易成功"的订单金额总和，由静默销售额和客服销售额两部分组成。一般来说，顾客在网上购物时，首先是通过搜索找到自己想要的产品，然后通过与客服沟通，全面了解商品，再进行下单。但是也有一部分顾客没有咨询客服，而是通过对详情页的了解就直接下单付款，这就是"静默下单"。运营人员主要是通过调整运营规划提高静默销售额，而客服主要是负责提高客服销售额，从而全面提高店铺的销售总额。客服和运营人员可以通过协作，互相提高销售额。例如，客服在接待时收集顾客的意见，为运营人员提供建议以优化详情页卖点，提高静默转化率；而运营人员则可以通过经营策略和活动的提前告知，让客服做好准备，提高客服的推荐力度，从而提高询单转化率及客服销售额。

14.1.1 客服的主要工作内容

现在网上购物越来越普遍，但顾客由于只能通过文字和图片等形式了解商品属性，对于看不到实物的商品，无法全面地了解各种实际情况，因此容易产生不信任感和戒备心理。这个时候他们会通过与客服交流，进一步了解产品。如果客服能以热情的态度和专业的服务去迎接顾客，不仅可以增加订单成交的机会，还可以为店铺树立良好的形象，赢得回头客。

客服在接待工作流程中，一般有八项主要的工作内容，如图14.1.1所示。

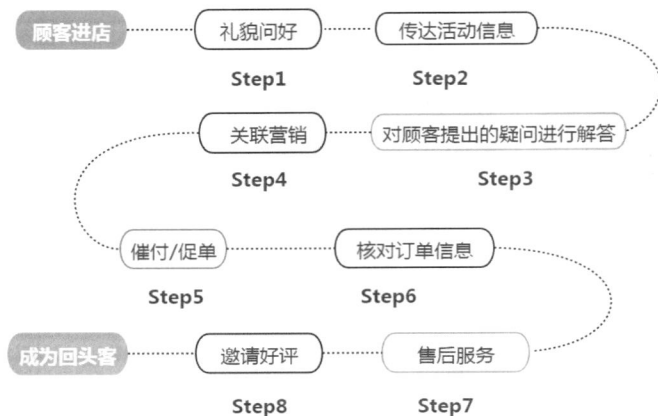

图14.1.1　客服的接待工作流程图

1. 礼貌问好

顾客在挑选商品的过程中，如遇到疑问，第一时间会想到咨询客服。礼貌问好能给顾客建立起良好的第一印象，从而迅速拉近与顾客之间的距离，使顾客更愿意交流。客服可以从中获取更多的信息，把握顾客的喜好和需求，为后面的关联营销和催付促单做好准备。如何在隔着屏幕的聊天对话中体现出礼貌的问好呢？可以通过丰富的表情和对顾客的关心祝福体现出来。

2. 传达活动信息

促销活动可以吸引顾客眼球，提高访问深度，为关联营销和催付促单带来正面的影响，从而提高询单转化率和客单价。很多卖家会把活动信息加入到首问中。总结以上两点，我们可以对首问话术进行整理，如表14.1.1所示。

表14.1.1　首问话术整理

首问话术	A. 亲爱的读者朋友您好，欢迎光临×××店~ 促销活动进行中，全场优惠5折起，快抓紧时间下单把好书带回家！以免错过优惠哦~
	B. 年关将至，预祝亲亲新年快乐~ 阖家欢庆人团圆，快选购一份好礼带回家，给家人带来一份温暖吧~
	C. 双11狂欢优惠开始啦！全国包邮，满就送、5折专区超多惊喜等您来拿~ 赶快收藏加入购物车，错过今天就得再等一年哦~
	D. 新年狂欢，书声辞旧岁！ 全店商品限时特价！满300减100！关注店铺，提前加购送精美礼品！快联系客服领取优惠吧！

3. 对顾客提出的疑问进行解答

网店客服平均每天要接待100~300位顾客，遇到的咨询会有很高的重复性。有经验的客服会通过总结话术，使用快捷短语进行回复，这样做可以大大提高响应速度和专业性。而响应速度是询单转化率的重要因素之一，在客服管理中可以把响应速度作为重要的考核指标，最好控制在30秒以内。

4. 关联营销

通过关联营销可以提高流量利用率，增加顾客的访问深度，从而降低跳失率，提高客单价与销售额。在顾客通过搜索关键词进入店铺的某一个宝贝页面时，可能这款产品并不能满足他的需求，这时客服可以通过关联营销向顾客推荐店铺里的其他关联产品。

关联推荐的产品不是越多越好，而是一定要对顾客有一定的了解，清楚顾客的需求，否则会引起顾客的反感。如果是搭配推荐，尽量选择2～4个宝贝，以达到满减或者活动优惠的目的，效果更佳。

5. 催付/促单

在接待过程中，如果忽略了那些已拍下但未付款的订单，则会流失很多即将成交的客户。从前期的推广花费，再到客服接待，商家已经投入了很大的成本，所以更需要重视最后一步的催付环节，确保订单的成交才能为店铺带来收益。我们可以从活动优惠、发货速度、售后保障等几个方面进行催付。催付/促单话术整理如表14.1.2所示。

表14.1.2 催付/促单话术整理

催付/促单元话术	A．3元优惠券，满4元使用：【优惠券链接】 喜欢可以领取优惠券再下单哦，早下单早发货的哈～
	B．亲亲，还有什么问题需要为您解答吗？喜欢的话可以尽快下单哦，我们会尽快为您安排发货呢～
	C．亲爱哒，喜欢就拍下吧，如果收到不满意的话，我们是支持7天无理由退换货的哦，收到有任何问题及时联系我们，都会优先帮您安排处理的，请您放心购买呢～
	D．亲亲，聚划算大促仅需要78元呢，明天活动后就是98元呢，趁着活动赶紧拍下吧～付款后咱们给您优先安排发货，您可以早点收到心爱的宝贝哦～

6. 核对订单信息

核对订单信息，是指向买家发送订单的收件人信息进行核对，包括姓名、电话、地址是否有误，可以避免顾客因填错地址而收不到货的尴尬情况。如果能及时发现地址有问题并进行修改，客户也能早点收到喜欢的宝贝，为后续的邀请好评打下基础。

7. 售后服务

售后服务，是指在买家收到货后，对其关于如何使用商品及其使用中遇到的问题进行解答。无论是哪个程序上的问题，我们都要真诚地为客户服务。完成整个售前售后的服务流程，才能让买家心甘情愿地给出好评，提高店铺的DSR。而在售后这方面，买家往往是带着情绪上门的，面对怒气冲冲的买家，难免听到让人烦躁的抱怨和投诉。即使问题不是出在我们身上，我们也要先给买家一个真诚的道歉。道歉可以消解怨气，治愈人心，只有把买家的情绪安抚下来，才能让对方心平气和地与你交谈，接受你的解决方案。

8. 邀请好评

买家在收到宝贝并确认收货后，可以对卖家进行评价。买家是否给好评会影响店铺动态评分，即DSR评分，这是直接影响店铺权重和决定店铺是否能参加一些官方活动的因素，所以非常重要。DSR评分主要分为商品描述评分、卖家服务评分和物流服务评分三个部分，如图14.1.2所示。

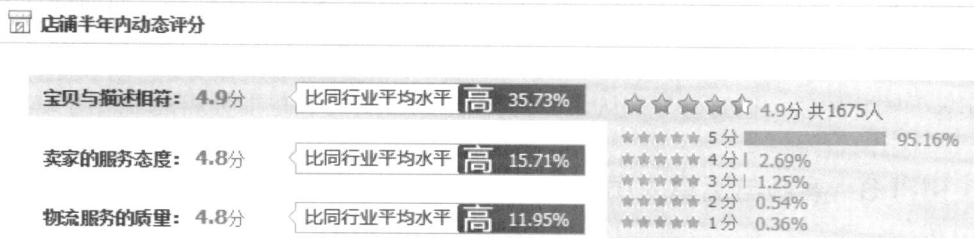

图14.1.2 店铺动态评分

订单在交易成功后的15天内，如买家没有评价，则系统不会自动给卖家好评，即买家放弃了本次评价，不会计入DSR评分，所以在宝贝签收后，要记得邀请买家给出好评。积累优秀的好评不仅可以提高店铺权重，对后续消费者的购买判断也有直接影响，同时可以提高静默转化率。

14.1.2 售前客服与售后客服的区别

客服在与顾客聊天的时候，一定是带着目的的，所以要明确当前目的，才能理清思路，更有效率地完成售前和售后接待工作。以下就为大家介绍售前和售后的工作目的分别是什么，从而提高客服接待效率。

1. 售前客服

售前客服负责顾客下单付款前的咨询服务，主要职责是通过咨询接待分析顾客需求，做好产品推荐，解答客户的疑虑，促成订单成交，最后跟进订单的付款环节并礼貌告别。售前接待的目的就是成交，让客户完成付款，提高询单转化率。有些顾客在淘宝上挑选商品就像逛实体商铺一样，大多是抱着一个欣赏商品的想法浏览各个店铺，购买商品的意向并不高。如果售前客服不以成交为目的与顾客进行交流，很有可能工作就会变成闲聊，所以售前客服一定要在与顾客交流的同时，适时推荐商品卖点，提醒客户下单付款。这一点可以通过婉转的方式去表达，以免引起顾客反感，例如"亲亲，趁着活动优惠早点下单哦，以免错过优惠，您拍下后我们会尽快给您安排发货的呢"。

2. 售后客服

售后客服负责商品发货后所产生的售后问题的处理与沟通，主要职责包括订单的物流信息跟踪、解答售后咨询问题、处理客户的退款及投诉问题、评价维护工作。售后服务的目的是维护店铺形象，提高店铺的DSR评分。售后客服在安抚顾客情绪的同时，最重要的任务是给顾客提供一个满意的解决方案，迅速为顾客解决问题可以最大程度地减少售后问题对店铺的影响，减少中差评和投诉。完美解决售后问题有助于改善顾客的购物体验，得到好评，从而提高店铺的DSR评分，也能为店铺带来回头客。

14.1.3　客服与运营人员的协作

作为电商运营人员，必须了解一个公式：

店铺销售额=访客数（商品展示量×点击率）×转化率×客单价

运营人员在日常工作中通过各种付费推广和参加活动为店铺带来访客，而客服则承担着"最后一公里"的责任——确保顾客下单付款，提高转化率和客单价。客服作为接触顾客的最前端，能最直观地了解到顾客的需求和想法。客服可以把这些资料反馈到运营人员手上，协助运营人员调整运营策略，为店铺带来更多的访客。客服与运营人员的协作相当于一个良性循环，相互之间的辅助能使店铺的访客越来越多，销售额越来越好。

1. 上新推荐及活动玩法

（1）上新推荐——客服协助新品破零

在目前天猫、淘宝的规则下，新上架的商品是有流量扶持的，可以提高新品的展示量。如何获取流量扶持呢？平台的原则是扶持优质商品，系统主要会通过点击率、收藏加购率、转化率三个维度去考核宝贝是否属于优质商品。在新品刚上架的时候，销量、评价都为零，顾客对商品会存在很大的不信任感，迟迟不下单，导致转化率低。切勿认为通过直通车加大推广可以提高新品销量，直通车只能提高宝贝的展示量和点击量。如果无法转化，会造成商品的展示量过高、转化率低，也就是所谓的数据异常，新品权重是会下降的。因此新品上架后需要客服配合，做好关联推荐，保证新品在扶持阶段能有一个好的数据，提高权重，获得更多的流量扶持。新品扶持期是28天，可划分为4周，以下我们就教大家如何在4周内打造爆款商品。

①破蛋期（第1～7天）

第一周计划最重要的是销量破零、上评价，重点产品必须在前1～3天内破零。只要客服能够挖掘客户需求，做好关联推荐，加上运营人员给到一定的优惠，破零在第1天完成一般是没问题的。算上物流时效，一般第4～7天，顾客就能收到宝贝了，这时客服可以通过售后回访增强顾客的购物体验，邀请买家好评晒图。待完成破零和评价晒图一系列操作之后，第一阶段的计划就完成了。另外需要注意的是，非重点新品也要在扶持期的28天内破零，否则会影响整个店铺的动销率，店铺权重会下降。如果新品在扶持期无法破零，可以考虑重新上架。

②提升期（第8～14天）

得到销量和评价后，顾客在选购商品的时候就有了一定的信心，在这个时候运营人员就可以提高新品的展示量了。通过竞品分析设定销量目标，同时可以通过组合套餐与优惠活动，配合客服推荐，提高新品的收藏加购率和转化率。一定要做到对比破蛋期的销量递增，良好的数据可以被系统判定为优质商品，获得更多的流量扶持。

③巩固期（第15～21天）

对于转化效果好的产品，可以加大推广展示量，同时维持各项指标比同行数据高且稳定，总体转化率保持在10%以上。如果静默转化率较低，可以通过客服的关联推荐，提高询单转化率进行互补，销量和收藏加购率需比前一个周期有明显提升。

④决定期（第22～28天）

作为扶持期的最后阶段，仍需要继续提高销量、收藏加购率，只有各项指标能高于同行的标准，才能打造出爆款商品。

（2）活动玩法——客服协助提高活动产出

参加活动可以得到很好的平台流量扶持，为店铺带来访客。在促销活动中，商家通过降价促销、赠送礼品等形式，强化顾客的购买意向，增加店铺销售额。因活动玩法多种多样，客服作为一线人员，需要准确清晰地向顾客传达活动的相关流程和注意事项，确保活动顺利开展。在活动玩法确定后，应第一时间为售前接待客服进行培训，以活动预热期开始前培训为佳。

①活动预热期：老客户维护

活动预热期又叫蓄水期，运营人员会通过加大推广提高活动曝光率，积累顾客。很多商家在日常接待中会忽略老客户维护这个部分，造成很多询单客户购买意向不强，以致询单流失。由于活动时有足够的优惠力度吸引顾客下单，所以在活动预热期中，客服可以通过对之前已咨询但未下单的顾客进行召回，协助运营人员提高活动的曝光率，积累更多的顾客。在平台规则下，客服可以通过旺旺主动联系30天内已咨询但未下单的顾客，告知活动信息；而对于有成交订单超过30天的顾客，则可以通过短信告知活动消息。

②活动正式期：活动通知与催付工作

在活动正式期，运营人员需要监控与记录店铺的各项数据，及时调整页面及产品选品。而客服的工作则是确保预热期积累的顾客完成付款，可以把活动开始的信息通过旺旺、短信、电话等方式传递给顾客。在活动期间，客服通过活动优惠促单，成功率会比日常接待高很多，因此客服应该提前按活动玩法做好话术，以确保转化率的提高。

2. 收集顾客反馈，调整运营规划

客户数据是运营人员调整规划的重要依据。运营人员可以通过生意参谋、生e经、直通车、钻展等工具获取客户来源、商品转化率等数据。有经验的运营人员从数据中分析获取有用的信息，进而调整运营规划。客服作为直接接触顾客的第一线人员，可获取到最真实详细的客户意见及反馈，在将这些信息收集汇总之后，反馈到运营人员手上进行分析，就可以帮助优化详情页卖点以及调整活动玩法。

（1）收集顾客高频提问，优化主图及详情页卖点

淘宝网展示商品，主要是通过展现商品的标题和主图。运营人员通过优化商品标题的关键词，提高商品展示量后，是否能吸引顾客点击、为店铺带来访客数，很大程度取决于商品的主图质量。在主图展示商品的卖点，不仅能提高顾客的点击率，还能激起顾客的购物欲望，从而促进成交。

通常一个商品会有多个卖点，但是在展示卖点时，我们要避免把全部卖点都展示在主图中，因为这样容易混淆顾客的视线，让顾客难以在第一时间掌握所需的商品信息，影响转化效果。卖点展示应同时具备重要性、可理解性和可比性，以下我们就以玻璃水杯为例展开介绍，如图14.1.3所示。

图14.1.3 主图的卖点展示

①重要性

通过客服的日常接待总结售前顾客高频问题，抓住顾客的需求，了解哪些卖点或者商品属性最能吸引顾客，将顾客的需求与商品的性能、特点结合在一起，就能获得理想的转化效果。例如餐饮用具分类下的水杯，如果顾客经常问到体积大小、容量大小、重量多少，那么这些商品属性就是顾客最想了解的、符合重要原则的，需要将这些商品属性作为卖点展示在主图中，这样既可以提高顾客的点击率，也可以精准定位点击进店的顾客人群。再者，由于容量的大小已经过滤了一部分顾客，因此也提高了转化率，减少了直通车的点击花费。

②可理解性

为了保持主图的美观清晰，文字卖点不宜太多，应做到简明扼要，但同时需要保持可理解性，以免卖点表述太过简洁而达不到吸引顾客的效果。例如前面提到的水杯体积、容量、重量，这三个属性都可以通过容量大小来体现。容量的大小决定了水杯的体积以及加水后的重量，可以让顾客直观地了解到产品是否适合自己，因此可以将容量属性作为卖点展示在主图中。如果在主图增加该卖点后，客服在接待中仍然经常被问到同样的问题，则证明该卖点表述不能被大部分顾客理解，运营人员仍需优化卖点表述，以达到吸引顾客的最佳效果。

③可比性

顾客通常是通过搜索关键词找到所需要的产品的，因此要在竞品中脱颖而出，就需要展现自家产品的优势。图14.1.3就体现了可比性原则，能让顾客在第一眼就选到最适合自己的产品。如果客服在接待中被多次问到"某某家购买水杯赠送原装杯套，你们家有什么赠品呢"，这种情况表明，在同一搜索词下，同行竞品优势较大，在货比三家的情况下顾客很容易流失。客服可以将该问题反馈给运营人员，调整商品的销售策略，增加赠品以提高竞争力。

（2）收集顾客反馈，调整活动玩法

朋友圈集赞送赠品，享受折扣优惠，是一项非常常见的优惠活动。通过顾客的转发和分享，为店铺带来更多的展现量，只要展现量够高，就一定会有转化，能为店铺带来新的访客，从而获取实际的利益。但活动效果是否理想，就需要一线的接待人员去了解了。如果集赞活动推出后，转发量很少，运营人员是很难从数据中了解原因的，这时接待人员就可以通过询问来收集顾客的意见，从而协助调整优惠活动。例如，某天猫店有分享好友领优惠券的活动，客服在接待中，可以推荐每一位进店顾客分享好友领取优惠券，从而为店铺带来更多的访客。但如果顾客觉得太麻烦了，不想分享，那么客服可以通过询问顾客具体的原因并反馈给运营人员，调整活动玩法。如顾客反馈需要分享的人数太多，运营人员可以降低分享人数要求；如顾客反馈优惠力度太小，运营人员可以适当调整优惠券的面值……只有符合顾客心理的活动玩法才能把运营策略的效果最大化，为店铺获取更多的利润。

14.2　策划/设计：让运营思路具象化

运营中有一个很重要的环节，就是让自己的产品更吸引人，获取高点击率，这就离不开文案策划和设计师了。文案策划和设计对运营来说，是让运营的推广思路具体化，也就是在视觉上取得更好的效果。产品图片要想引起消费者的共鸣，就不能抽象，不能只追求自我满足，而是要从客户的消费心理出发，达到内容具象化，这也是运营的实际需求。目前，许多线上店铺的产品琳琅满目，竞争是非常大的，要想赢得客户的青睐，第一步就要用展现的图片抓住客户的眼球，这样才可能有进一步的发展。以防晒伞为例，搜索同一个关键词，从图14.2.1中我们可以看出，有文案卖点和设计的产品销量比其他没有文案的销量要高，很大一个原因就是主图设计对消费者具有影响，有吸引力的主图点击率都相对比较高。

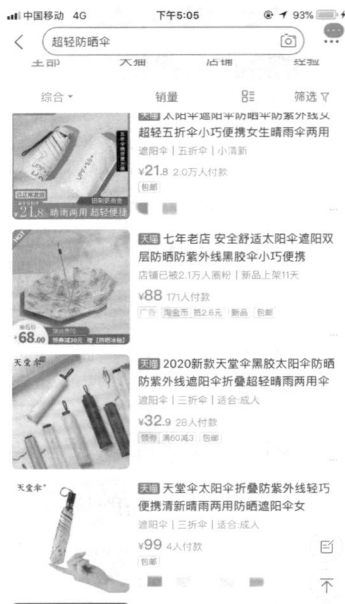

图14.2.1　文案卖点和设计

在具体的工作中，运营人员将自己的推广想法告知文案策划，文案策划再根据运营人员的想法和市场具体产品的情况准确、清晰地介绍产品卖点，将运营人员的需求反馈到实际的文案策划中。设计师根据文案策划撰写好的文案进行相应的设计，再将运营人员的想法用图片展示出来。因此，三者之间不仅要做好沟通，还应在各自的工作职责中注意相关的问题。对于运营人员来说，除了做好本职工作，还应主动向文案策划和设计师提出自己的实际需求；当产品图片设计完成以后，要用敏锐的眼光审核设计师的作品，并给出修改意见。对于文案策划来说，面对不同类目的产品，文案要有所区别。淘宝图片文案不同于其他类型的文章，它不需要华丽的辞藻，只需要简单明了的文字，让客户容易理解即可，但要注意需遵循广告法，不能使用敏感违规词等。另外，文案策划还需从客户的购买心理出发，多用细节描述，避免抽象模糊的文字，这样才能从文字上吸引客户，从而提高下单率。对于设计师来说，除了要有扎实的专业基础，在设计上也要有对造型和结构的把控力、对色彩的表现力，以及对审美的取舍能力等。设计出的产品需要有足够的创意，这就要求设计师拥有手绘和摄影的能力。另外，设计师还应多与文案策划和运营人员沟通交流想法，传达设计思想，呈现设计的过程，以做出最符合店铺发展需要的作品。

14.3　仓储发货：卖货不发货都是耍流氓

在淘宝开店，商品的发货是一个很重要的环节。发货不及时、发错宝贝、数量不对、商品破损、商品缺货等各种问题在店铺日常经营中一般很少出现。但一旦销量增加，特别是活动大促，各种问题就会陆续出现。这些问题很容易给店铺造成不好的评价，影响店铺的DSR，严重的还会因违反平台规则，引起投诉扣分。因此作为店铺的运营人员，需要了解发货规则及店铺的发货能力，才能以此合理地制定日常运营和活动促销等方案。

14.3.1　天猫、淘宝发货时效规则

消费者良好的购物体验也是淘宝追求的目标，所以淘宝平台对卖家发货时效进行了明确的规定。根据《天猫物流时效管理规范》规定，买卖双方可自行约定发货时间，如买卖双方无约定的，买家付款后24小时内商家须上传物流单号，48小时内物流单号须有揽收信息（"双11"、春节等特殊时间会公布具体应揽收时间）。订单未能在买家付款后48小时内显示揽收信息的，属于延迟发货，须向买家支付赔偿金，延迟

发货情节严重的会采取扣分、下架商品、限制参加营销活动、管控支付宝账户、监管店铺等措施。具体细则如下：

1. 上传物流单号和发货时效规定

表14.3.1　上传物流单号和发货时效规定

商品类型	上传物流单号时效规定	发货时效规定
普通商品	买家付款24小时内	买家付款后48小时内
定制、预售及其他特殊情形等另行约定发货时间的商品	/	约定时间内

"发货"是指满足下述任一标准：

（1）物流公司回传信息（以订单"物流详情"显示为准）为"已揽收/揽件"等代表已发货状态的。

（2）由菜鸟及其合作伙伴提供物流服务的订单，其物流详情在"包裹已出库"状态后显示"正在发往分拨中心""已进入分拨中心""已完成分拨集包""已从分拨中心发出"四种状态的。

（3）大件商品订单通过尚无物流节点信息回传的物流公司发货的，以物流公司底单展示的发货时间为准。

2. 签收时效规定

商家发货后，应当保障买家在标准时效内收到所购商品，标准时效可通过路径：【生意参谋】—【物流】—【菜鸟指数】—【线路标准时效查询】进入查看。

3. 延迟发货

订单未能符合"发货时效规定"的，属于延迟发货。商家须以发放赔付红包的方式向买家进行赔付，除定制、预售及其他特殊情形等另行约定发货时间的商品订单外，天猫将根据物流公司回传信息判定并执行赔付。赔付红包面额计算标准为商品实际成交金额的5%，单笔交易最低不少于5元，不高于50元。

延迟发货情节严重且买家发起投诉后，商家未在天猫判定投诉成立前主动同意赔付或与买家协商一致的，除须向买家赔付外，每次扣一般违规行为1分（30天内累计扣分不超过6分）。

4. 缺货

订单延迟发货后的72小时内仍未发货或商家自主承认缺货/拒绝发货/要求加价发

货的，视为缺货。买家投诉成立后，商家应以发放赔付红包的方式向买家进行赔付。赔付红包面额计算标准为商品实际成交金额的30%，单笔交易最低不少于5元，不高于500元。

5. 虚假发货

订单按"发货"标准显示"已揽收/揽件"等信息后24小时内无任何物流更新记录的，视为虚假发货。买家投诉成立后，商家应以发放赔付红包的方式向买家进行赔付。赔付红包面额计算标准为商品实际成交金额的30%，单笔交易最低不少于5元，不高于500元。同时，天猫还将视情况采取针对虚假发货的订单延长自动确认收货时长等措施。

6. 赔付上限

同一买卖双方间付款时间在同一自然日内的多笔交易同时出现上述任一或多项情形的，赔付金额合并计算最高不超过500元。

7. 其他管理措施

天猫还将视情节严重程度执行商品下架或删除、限制参加营销活动、管控支付宝账户、监管店铺等措施。

14.3.2　什么是发货能力

天猫对于商家发货能力的考核指标主要有三项：一个是24小时揽收及时率，一个是到货时长，还有一个是物流评价。在基础服务分下主要考核的是24小时揽收及时率，在综合体验星级下主要考核的是到货时长，而物流评价在综合体验星级与基础服务分下都需要考核。

1. 24小时揽收及时率

24小时揽收及时率是基础服务分的一个考核指标。计算公式：24小时揽收及时率=30天内揽收时间早于或者等于24小时的订单量÷30天应揽收的订单量。在特殊时段，例如"双11"、春节、国庆节等，以官方发布的调整发货时间公告为准。网上购物的优点，总结为一个字，就是"快"。购买商品后，顾客满心期待着商品的到来，都会希望商家早点发货，早点收到心爱的宝贝。因此，能否在购买当天发货属于顾客选择商品的一个重要因素。

2. 到货时长

到货时长是综合体验星级的一个考核指标。计算公式：到货时长=近30天支付（货到付款订单则为下单时间）且签收成功的总时长÷近30天支付且已签订单量。到货时长指标与24小时揽收及时率类似，同样体现了网上购物"快"的特点，顾客在选购商品的时候会优先选择在购买当天发货与到货速度快的店铺。

3. 物流评价

物流评价属于综合体验星级考核与基础服务分的考核指标。计算公式：物流评价=近30天物流服务被评价的总星数÷近30天物流服务的被评价次数。物流评价其实跟商品DSR评价是一样的，统计的数据主要来源于客户给出的物流服务评价分数。这个指标同时体现了店铺的发货及到货速度、准确率以及商品在物流运输过程中是否完好。

14.3.3 如何了解与提高店铺的发货能力

1. 了解店铺的发货能力

想要了解店铺的发货能力，首先需要了解店铺的物流数据。可以通过【生意参谋】—【物流】—【物流概况】—【时效体验】查看店铺的平均到货时长和24小时揽收及时率数据，根据实际需要选择一定的时期进行对比，如图14.3.1为某店铺近30天的物流数据。

图14.3.1 生意参谋物流概况

在【生意参谋】—【物流】—【物流概况】页面最下方还可以查看物流体验数据，如图14.3.2所示。物流体验数据中有自己店铺的物流DSR、同行平均值与同行优秀值。如果店铺的物流DSR低于同行均值，会影响顾客的购买信心和店铺的整体转化率，应及时改善客户的物流体验。

图14.3.2 生意参谋物流体验

除了掌握物流数据外，商家对仓库实际情况也要有大概的了解。例如，对仓库打包人员的工作效率进行统计，一个日均订单量在1000的店铺，配置4名发货员，每天工作8小时，负责分拣、配货、打包工作，那么该店铺的发货能力就是250件/人。有了发货能力的统计数据，就可以根据活动的预估销量，提前做好安排，确保商品能够及时发货。

2. 提高发货能力

结合发货能力的各项标准，我们可以看到一些提高发货能力的思路。首先，要优化店铺的发货流程。例如，运营人员可以去了解一下仓库怎样进行打包、发货，以及物流揽收流程，同时要了解一下合作的物流公司，看能不能增加物流公司的揽收次数，选择发货能力更强的物流公司进行合作。其次，要检查店铺内的商品情况。如果店铺内的商品都是一些预售的或者定制类的商品，要看有没有正确地发布到对应的类目下。最后，库存要准备充足。对于一些发货时间相对较长的商品，运营人员可以使用预售工具，设置一个合理的承诺发货时间，避免因发货不及时给店铺带来负面评价或者投诉。

还有一项是物流评价。对于DSR当中负面评价相对较高的一些商品，如果消费者反馈了一些物流问题，就要具体分析并解决。同时，对于消费者咨询的物流无揽收信息、派送不及时等问题，可以通过客服在售后中及时解决，给消费者一个较好的消费体验，减少负面评价的产生。

14.4　团队协作常见问题及解答

1. 在客服与运营人员的协作过程中，新品破零并提高销量是打造爆款产品的重要工作，如何确保销售任务的完成呢？

可以为客服设置个人的销售目标并计入绩效考核，提高客服推荐产品的积极性。

2. 如何保证团队协作中的沟通效率？

团队协作中的沟通应保证及时性、完整性、可靠性，可建立对接群，方便信息的传达，而信息的完整可靠有助于运营人员分析出有用的数据，从而更好地优化运营策略。

3. 遇到特殊情况，未能及时发货怎么办？

天猫、淘宝在"双11"、春节等特殊时间会公布具体应揽收时间，但其他大促活动的应揽收时间一般是不变的。如果销量突然增加导致商品未能及时发货，可以在包裹中加入赠品并由客服与顾客进行沟通，提前安抚顾客，减少售后问题的发生。

扫码立领
☆网店经营流程实战手册
☆主流平台运营模式解析
☆增长策略小讲堂